# 数字图书馆著作权法律问题研究

唐鹏宇 著

武汉理工大学出版社
·武 汉·

**图书在版编目(CIP)数据**

数字图书馆著作权法律问题研究 / 唐鹏宇著.—武汉：武汉理工大学出版社，2021.5
ISBN 978-7-5629-6412-4

Ⅰ.①数… Ⅱ.①唐… Ⅲ.①数字图书馆—著作权法—研究—中国
Ⅳ.①D923.414

中国版本图书馆 CIP 数据核字(2021)第 095149 号

**项目负责人**：杨万庆　　**责任编辑**：史卫国
**责 任 校 对**：张莉娟　　**版面设计**：博壹臻远
**出 版 发 行**：武汉理工大学出版社
**网　　　址**：http://www.wutp.com.cn
**地　　　址**：武汉市洪山区珞狮路 122 号
**邮　　　编**：430070
**印　刷　者**：广东虎彩云印刷有限公司
**发　行　者**：各地新华书店
**开　　　本**：710mm×1000mm　1/16
**印　　　张**：9
**字　　　数**：124 千字
**版　　　次**：2021 年 6 月第 1 版
**印　　　次**：2021 年 6 月第 1 次印刷
**定　　　价**：68.00 元

凡购本书，如有缺页、倒页、脱页等印装质量问题，请向出版社发行部调换。
本社购书热线电话：027-87391631　87664138　87785758　87165708(传真)

# 前　言

随着互联网时代的发展、信息化技术的广泛应用，建设数字图书馆已是大势所趋。传统的图书馆模式受到时间和空间的制约，已经无法满足读者大量、多样化和便捷化的知识需求。而数字图书馆利用互联网信息技术，突破了时空的限制，实现了随时随地向读者提供知识和信息服务的功能，更加受到读者的青睐。而著作权法的立法目的是鼓励创作，促进科学文化事业的进步，从而争取公共利益最大化。著作权法对图书馆的复制、交换馆藏，以及借阅、咨询和检索等服务活动都产生了深远影响，在数字图书馆的建设与发展中扮演着重要角色。

发展数字图书馆不仅是技术上的突破，与之相伴随的法律问题也应当得到重视。数字图书馆的著作权相关法律问题是随着时代变化而发展的，是一个随着社会、科技、文化等因素变化而变化的动态课题。它不仅需要图书馆学领域的知识，还涉及知识产权法领域的内容，是一个跨学科的问题，需要结合两门学科进行跨学科的专业研究。在网络信息共享的大环境下，数字图书馆有着特殊的法律地位。信息分享和著作权保护之间的利益关系变得更加复杂，利益关系的变化打破了原有的利益平衡，引发了新的矛盾和衍生的著作权保护问题。而“合理使用”制度站在公共利益的角度，限制了作者的私人权利，是著作权法平衡作者私权和社会公益权利的表现，体现了著作权法维持各方利益平衡的作用，并在各个国家的著作权保护体系中普遍适用。我国关于“合理使用”的立法制度已经明显跟不上时代的发展步伐，过于刻板僵化，无法适应社会新环境的变化，亟须讨论与完善，并且有必要去探索数字图书馆版权管理新趋势，以顺应社会发展的方向，促进数字图书馆的建设和著作权保护制度的更新。

数字图书馆是传统图书馆服务和价值的延伸，其技术特性使得它更容易陷入知识产权的纠纷之中，因此，数字图书馆的著作权相关法律问题研究是确有必要的。本书对数字图书馆的概念、特点、国内外演进过程以及法律地位进行了梳理，对国内外著作权立法的发展历史、立法体系和基础架构进行了总结，并深入探讨了网络信息共享与著作权保护之间的冲突，比较了中美“合理使用”制度的差异，并对经典案例进行了分析，提出了我国优化“合理使用”制度的建议。除此之外，本书还对数字图书馆著作权管理的新趋势和新技术提出了设想，以期为我国数字图书馆著作权立法以及著作权管理提供新方法、新思路，促进我国数字图书馆的建设和著作权保护制度的完善，进一步推动社会精神文明建设，促进科学文化事业的发展。

# 目录 Contents

# 第一章　数字图书馆

数字图书馆的概念兴起于20世纪90年代，它是指传统图书馆在计算机技术和网络通信技术的协助下，为用户提供图书馆电子资源的借阅、浏览、下载和个性化定制服务等信息服务功能，从而打破用户在空间和时间上的限制，使得用户更为便捷高效地获取图书馆的公共信息知识资源。在图书馆的发展过程中，信息化技术起着非常重要的作用，随着信息时代的发展，互联网等信息化技术的广泛应用，进一步加快了全球一体化格局的形成，知识、信息共享的理念也更加深入人心，因此，作为文献信息中心的图书馆显得尤为重要。传统的图书馆功能单一，已经无法满足读者日益增长的知识服务需求。而处于数字环境中的图书馆有必要保持与新兴科学技术知识的联系，利用先进技术，改进自身管理模式，提升服务水平，紧跟时代潮流。并且，有必要积极开拓服务内容和方式，从单一的馆藏服务、阅览服务向多样化的信息资源网络服务模式转变。有必要密切关注业内新动态，反思自身的定位与角色，制定新时代背景下图书馆的转型和改革的计划和方案，满足读者在网络时代多元化的服务需求，推进图书馆行业变革与创新，挖掘图书馆在数字环境中的意义与价值。

## 一、数字图书馆的概念

数字图书馆（Digital Library）是传统图书馆服务和价值的延伸。关于数字图书馆的定义，不同组织给出了不同的定义。美国数字图书馆联盟

（Digital Library Federation，DLF）将数字图书馆定义为一个提供包括专业人员、选择、结构等资源，提供知识获取、理解、分发、保存的完整性，并确保数字作品的持久性，以便更容易和更经济地被使用的特定机构。国际图书馆协会联合会（International Federation of Library Associations and Institutions，简称 IFLA）发布的《数字图书馆宣言》中的定义：数字图书馆是数字对象的高质量在线馆藏。也就是说，要依照国际公认的馆藏发展原则来对这些数字对象进行创建、收集和管理。同时，馆方须提供必要的服务允许用户检索和利用馆藏资源，以实现数字馆藏获取上的便捷性和持续性。数字图书馆是若干个联合体的总称，它使人们能够智能地获取互联网上以多媒体数字化格式存储的、数量巨大的、仍在不断增多的信息。数字图书馆也被称为“信息控制区域”，是通过专家选择的高质量信息，成为资源、浏览和查询机制、分布式网络化环境、信息服务等多种资源和功能的集合体，是技术、资源的结合，也是为终端用户提供透明式服务和任意存储的集合体。但是，有时候专业术语的描述却阻碍了数字图书馆的发展，因为有些专业词汇看似简单，却对不同的人意味不同，它们具有强大的社会、职业、法律和技术内涵，容易阻碍不同背景的人之间的交流与探讨。

自数字图书馆发展20多年以来，其所依托的计算机网络技术和存储能力随着时间的推移也发生了很多变化，目前相关学界并没有一个关于数字图书馆的被广泛认可的普遍概念。早期国外学者将数字图书馆定义为计算机存储可处理的数据和信息的集合[1]。如 P. Baker（1994）把数字图书馆定义为资源馆藏，只以电子格式的形式进行存储，而不包括任何传统书刊的新型图书馆[2]。Sandusky 认为数字图书馆是有组织的数字信息的集合[3]。Jeng（2005）将数字图书馆看成是把信息以计算机格式存储并通过网络访问的信息处理机构[4]。在早期的其他文献中，国内学者在对数字图书馆进行定义时，普遍认为数字图书馆应当具备信息收集、加工、整理、服务等基本功能，同时以计算机可以识别的方式存储信息[5]。杨向明（1997）将数字图书馆的概念与电子图书馆、虚拟图书馆、无墙图书馆以及全球图书馆的概念等同起来，并认为数字图书馆同时具备这几个概念的内涵和特点[6]。近些年来，相关学界针对“数字图书”这个定义的描述增添了更加丰富的内涵，比如高蔚（2018）通过对数字图书馆文献资源实现原理的技术描述对其作出了定义，他提出数字图书馆是通过“数字化馆藏文献、数据库和网络信息资源”这三种方式，实现数字图书馆文献资源的收集、分享与传播，从信息技术角度作出了定义[7]。赵蓉英和魏绪秋（2016）则阐述了一个综合性的数字图书馆定义，概括了数字图书馆的内容、特点和效用等内容，将其阐述为“用数字技术处理和储存各种图文并茂的图书馆，将不同载体、不同地理位置的信息资源利用数字技术存储，实现没有时空限制、超大规模的知识中心，从而及时、高效、快速地为用户提供高质量的信息服务和知识服务”[8]。除此之外，还有许多学者对数字图书馆的定义，就是对其部分特征进行了总结，比如薛调和续永超（2017）归纳了数字图书馆拥有“多种媒体内容的数字化信息资源”，并能够起到“为用户提供方便、快捷、高水平的信息化服务机制”的作用[9]。金小璞等人（2018）侧重于数字图书馆突破时空限制的特点，将其定义归纳为“任何用户在任何的地点任何的时间都可以访问资源”的机构[10]。

从以上论述中可以发现，虽然国内外学者在对其定义的描述上存在着一定的偏差，总体上还是有一定的共同性。数字图书馆的一般概念可以概括如下：第一，建立于计算机信息、网络、数字技术的基础之上，利用新兴科学技术实现知识信息资源的收藏、复制和传播，实现形式多样，并且会随着科学技术的更新而发展。第二，不受时间和空间的限制，可以随时随地向读者提供信息服务，既高效又便捷，增加了服务便利性，提升了信息传播的效果，提升了图书馆服务水平，加快了实现信息共享目标的进程。

## 二、数字图书馆的特点与优势

结合数字图书馆的概念可以看出，相比于传统图书馆，数字图书馆有着不可比拟的优势和特点。在互联网快速发展的冲击下，传统图书馆的弊端日益凸显，需要及时进行转型和变革。人们对数字图书馆的发展寄予厚望。在21世纪初，许多学者就对数字图书馆的角色、特征以及与传统图书馆存在的差异进行了阐述和总结。其中李玉安（1999）指出，在数字图书馆中，网络通信与存储技术、电子化的信息源和文献资源以及用户咨询服务是其最重要的特征之一[11]。李培（2004）在其著作《数字图书馆原理及应用》中同时阐述了数字化电子资源、数字图书馆相关技术以及服务是数字图书馆最主要的特征[12]。进入21世纪第二个十年，数字图书馆则被赋予了更多的特征，不仅是数字资源的集合，还是用户进行电子资源学习、与别的用户进行交流和学术研究的数字社区[13]。美国学者 Willian Y. Arms（2001）把数字图书馆的特征归结为资源馆藏和相关服务。其中资源馆藏由数字化技术实现，相关服务依靠网络技术提供[14]。总结已有的研究成果发现，数字图书馆最核心的特征是数字化的信息资源、提供丰富的信息服务和支持数字图书馆运行的计算机网络通信技术。

信息资源数字化是数字图书馆区别于传统图书馆最核心的特点，文献信息资源的载体发生了革命性的转变。在传统图书馆中，纸质资源是文献信息的主要载体，纸质载体在存储、传播信息资源的过程中，面临着许多障碍，如馆藏空间受限，不可能无限制地存储；需要大量的人力、物力来进行回溯和剔旧工作；保存和运输难度大，对环境要求严苛，投入高，损毁风险大等。而数字图书馆利用电子技术将文献信息资源数字化，然后储存在本地设备或互联网中，没有实体资源，不受环境条件的限制，不占用物理存储空间，也就无须考虑物理存储条件，文献资料可反复使用，从根本上避免了馆藏文献保存不当而导致损毁的问题和风险。除此之外，文献信息的管理也将完全的电子化，节约人力成本，提升了传播效率和速度。馆藏文献载体的数字化，是数字图书馆成立的根基，离开了数字化的馆藏文献信息，数字图书馆就将不复存在。

提供丰富的信息化服务是数字图书馆的另一大特征，伴随着数字图书馆信息载体的变化，数字图书馆的其他服务方式也相应地做出了改变。例如，数字图书馆的检索方式就发生了巨大转变，传统图书馆往往利用大量的精力来进行文献资料的管理，这种方式既消耗人力、物力，效率和准确率也不高。若有读者打乱了图书资料的排序或者胡乱放入，想要再找出来就相当困难了。数字图书馆则不会存在类似的风险，运用计算机技术对数字馆藏文献进行管理和检索，既方便又快捷，还可以为用户提供更加个性化的信息检索服务。再如，数字图书馆全力推广和发展数字阅读服务。传统图书馆的阅读服务已经无法适应读者阅读习惯的变化。数字图书馆的数字阅读服务则可以突破时空限制，为读者提供便捷、高效的阅读体验，很好地满足读者的文化阅读需求，有助于全民阅读社会的实现，有利于提升国民的整体文化素质[15]。

支持数字图书馆运行的计算机和网络通信技术是数字图书馆的灵魂。日新月异的信息技术是图书馆改革的动力。数字图书馆改进管理方式和技术，引进先进技术理念，从而开拓充实了数字馆藏，并提升了馆员服务工作水平。承担社会责任，为丰富社会大众的精神文化生活、推动社会信息资源的传播做出了努力，并且不断学习，保持对新兴技术的关注，持续挖掘并开发出更加丰富的服务内容，成为区域经济与社会发展不可或缺的一部分。

## 三、国内外数字图书馆的发展与演进

数字图书馆在国内外的发展已有 20 多年，最早由美国提出，随后世界各国都开始了数字图书馆的建设工程。自 20 世纪 90 年代以来，世界各国纷纷在各自国家图书馆的基础上开展数字图书馆建设。

数字图书馆最初由美国国家科学基金会（National Science Foundation，NSF）、美国国防部尖端研究项目机构（Department Advanced Research Projects Agency，DARPA）和国家航空与太空总署（National Aeronautics and Space Administration，NASA）在 1994 年联合发起的数字图书馆创始工程[16]。其中在美国六所大学共同提出了“数字图书馆启动”项目以后，数字图书馆的概念在 20 世纪 90 年代逐渐成为一个国际性的热点话题，欧洲一些发达国家（如德国、英国）也进行了数字图书馆的相关研究，并提出了一些试验性的项目和计划。20 世纪 90 年代末，我国掀起了一股数字图书馆的研究热潮，同时，我国也设立了数字图书馆的相关项目，如国家图书馆在 1996 年申请立项“数字式图书馆试验项目”、1998 年中科院与国家图书馆等多家机构合作的“863 计划”项目、辽宁省图书馆的数字化图书馆项目等[17]。尽管数字图书馆的概念早在 20 世纪五六十年代就被提出，但数字图书馆的概念真正为人们所熟知是从 20 世纪 90 年代开始的。在这个时期，互联网技术突飞猛进的发展使得越来越多的人开始接触更为复杂多样的网络信息资源，同时，数字图书馆的雏形也逐渐形成，国内外学者对其研究也越发深入，数字图书馆进入高速发展期。

美国曾在 1962 年在西雅图举办的“21 世纪图书馆”的展览上提出了未来将是“没有图书的图书馆”的观点，这也被认为是最早关于数字图书馆的概念。1978 年，情报学家兰开斯特在《通向无纸情报系统》一书中阐述了无纸化社会的观点和构建数字图书馆的愿景[18]。进入 20 世纪 80 年代，英国大不列颠图书馆的工作人员 A. J. Harley 提出了虚拟图书馆的概念，美国学者 H. F. Cline 和 L. T. Sinnott 在其专著《电子图书馆：自动化对学术图书馆的影响》一书中多次使用了“电子图书馆”这个概念[19]。1994 年，美国首先发起了数字图书馆创始工程，并在大学进行项目研究。此外，美国的一些大公司对数字图书馆的建设也十分积极地参与。IBM 公司于1995年发起了"IBM Digital Library"的倡议，目的是利用自己先进的计算机网络通信技术实现对信息的处理、转换和传递，使得图书馆的信息资源不再孤立。2003年，美国国家科学基金会在其举行的"后数字图书馆的未来"上提出要建立多语言的、多媒体的、移动的、语义的数字图书馆，从传统的信息服务转向知识服务[20]。日本东芝公司在1985年开发出了电子图书情报系统，同年，日本多家媒体机构和出版社联合成立了"电子图书馆研究会"，此后日本的数字图书馆开始进入商业化[21]。自1993年开始，日本大力开展数字图书馆的建设和研究，如"数字图书馆联合研究"项目、"日本导航性电子图书馆"项目、"国会图书馆关西新馆"项目等。其中，关西新馆旨在构建一个电子资源处理系统，同时开发出一个现代化的数据库系统。

我国数字图书馆的研究与建设自20世纪80年代末90年代初开始，起步较晚，"中国试验型数字式图书馆"项目的开展标志着中国数字图书馆建设的启动[22]。经过近30年的发展，我国数字图书馆建设取得了一定的成果，已粗具规模，但是与发达国家相比仍然存在着较大的差距。

20世纪80年代以前，我国绝大部分图书馆只有纸质载体的馆藏文献，从20世纪80年代后期开始逐步改善图书馆的设施和系统，开启了对数字图书馆的探索。这个时期主要是对国外数字图书馆的相关文献著作进行翻译研究，如郑登理和陈珍成（1985）翻译了美国情报学家兰开斯特的著作《电子时代的图书馆和图书馆员》[23]，乔欢和乔人立（1988）翻译了英国学者詹姆斯·汤普森的著作《图书馆的未来》[24]。进入20世纪90年代以后，国内对数字图书馆的研究日益增多，赖茂生（1991）较早地描述了数字图书馆实现的构想[25]。张晓娟（1996）系统阐述了数字图书馆的概念、相关研究，以及着重介绍了当时国外已经发展的一些数字图书馆项目，并为国内数字图书馆的发展给予了启示[26]。20世纪90年代后期，我国也开始了数字图书馆项目的建设，希望能将计算机技术应用于图书馆建设的各项服务中，实现图书馆服务的信息化、自动化，应用基础的联机编目、联机检索系统和检索服务系统等。1996 年，国家图书馆联合其他五所图书馆一起提出了“数字式图书馆试验”项目，该项目旨在建立一个多馆合作、资源互为补充、提供多种个性化服务的试验性数字图书馆。同年，中科院计算技术研究所与国家图书馆申请了“基于特征的多媒体信息检索系统”项目，共同研究国外数字图书馆先进的检索技术，并开发自己的检索系统。1996—1998 年，清华大学、北京大学、上海交通大学和华南理工大学共同开展了教育部“九五”攻关项目之一的数字图书馆技术研究，主要是建立一个包括图文信息、音乐资源和视频内容的数字图书馆雏形。1998 年，文化部提出了建设“中国数字图书馆工程”的构想，并将其列入国家重点项目的规划之中。1998—2001 年，由国家图书馆和北京曙光天演信息技术有限公司合作研究的知识网络-数字图书馆系统工程可以在互联网上运行，实现了数字资源存储、处理、查询、媒体加工等功能，与国际主流数字图书馆接轨。2001 年，“中国数字图书馆有限责任公司”经国务院批准成立，同年，“中国数字图书馆”诞生，它汇集了当时国内 84 家图书馆的馆藏文献数据，集中向读者提供数字阅读、下载服务[27]。在数字图书馆海量信息处理研究方面，清华大学于 1999—2004 年承担了国家“973”项目，重点研究海量信息系统组织、管理及其在数字图书馆中的应用，如非结构化数据和海量信息处理的模型和算法。2002—2005 年，清华大学、北京大学和上海交通大学与美国的 NSF 和 CMNet 项目合作，研究具有中国文化特色的数字图书馆的实现技术，其中包括各种古建筑、民乐、拓片等具有传统文化特色的数字资源[28]。

从中国知网检索得来的数据看，1991—2020 年，我国在核心期刊上发表的与数字图书馆相关的研究论文超过 1 万篇。从文献分布来看，2000 年是一个分水岭，2000 年之前我国数字图书馆的相关研究处于初始阶段，每年发文量较少，这个阶段的研究主题主要集中在数字图书馆的自动化和网络化建设中。自2000年开始，我国数字图书馆相关研究不断深入，主要集中在对数字图书馆资源建设、技术研发和标准制定等主题的挖掘上，为我国数字图书馆的建设和发展奠定了理论基础。在经历了20世纪90年代中后期国家对数字图书馆的多个试验性项目和技术探索之后，我国在数字图书馆的建设和技术实现方面积累了很多宝贵的经验，2000年以后逐渐将雏形系统推向实践，开始了数字图书馆的资源建设和为用户提供个性化服务的实践阶段。我国也出现了很多大型的国家数字图书馆项目，如国家科学数字图书馆（CSDL）、全国文化信息资源共享工程（NDCNC）、中国高等教育文献保障系统（CALIS）和各地方图书馆和高校联盟的数字图书馆。国家数字图书馆项目的创立，在很大程度上提升了我国图书馆文献信息资源水平，推动了服务和管理方式的改革，有利于相关行业标准的规范、核心技术的研发，以及各个层面的资源共建共享。它为未来图书馆共同构建多维度、多层次的文献信息资源体系和知识服务体系夯实了基础。

## 四、数字图书馆的法律地位

目前的著作权立法规则更多的是针对传统图书馆的。由于数字图书馆的特殊性，如果继续沿用传统图书馆的规则和制度，将严重制约数字图书馆的发展，并削弱数字图书馆便捷高效的优势，因此，是否需要给予数字图书馆特殊的法律地位是一个重要问题。在未来，数字图书馆将成为图书馆发展的主要形态。发展数字图书馆不仅是技术上的突破，与之相伴随的法律问题也应当得到重视。除此之外，数字图书馆虽然与传统图书馆相比有着不可比拟的优越性，但正是其技术特性使得它更容易陷入知识产权的纠纷之中。数字图书馆的知识产权、著作权和其他相关法律问题一直是困扰其发展的一个重要因素，我们必须正确理解数字图书馆的法律地位，这样才能在不超越法定权限的前提下充分发挥数字图书馆的优势。

数字图书馆发展之初，由于国内外都缺乏完善的知识产权保护的法律法规，在一定程度上限制了数字图书馆网络信息资源的传播和共享。与此同时，版权问题已成为国内外图书馆信息领域初期发展的焦点，数字图书馆发展中的知识产权纠纷也备受关注。学者李洪武（2005）指出数字图书馆需要解决网络资源传播授权问题，营利性的数字图书馆不能无偿使用未经授权的网络信息资源[29]。马海群和贺延辉（2006）对我国的著作权法提出了应当合理使用和法定授权相结合的方式，让著作权法更适应数字图书馆的建设的观点[30]。2001年颁布的《中华人民共和国著作权法》（以下简称《著作权法》）对网络信息传播作出了明确规定，对传统作品在网络下的传播提供了法律保护。在数字图书馆中，知识产权、著作权等问题主要针对包含图像、音频、视频、文字等多种形式的网络数字作品。2007年实行的《信息网络传播权保护条例》对网络作品的著作权予以了法律保护，任何个人和第三方不能以某种形式复制他人的网络作品。

在目前的研究中，国内学者都倾向于数字图书馆的法律定位比较特殊这一观点，它没有唯一的确定性，而是具有多重的法律地位。首先，数字图书馆沿用传统图书馆拥有作品最终用户的法律地位。当作为最终用户时，传统图书馆作为组织、收集、传播有效信息的社会公共服务组织，属于科学文化事业单位。它的社会公益性是毋庸置疑的，应当享有国家文化事业单位的法律地位，这也是政府提供资金支持与投入图书馆建设和发展的前提。在现行著作权立法中，图书馆视为最终使用者，在这个角色下的数字图书馆类似于读者，其需要承担的版权和知识产权责任较少。在现有的著作权法体系中，更加注重对其他创作者以及作品传播者的限制，而为了维持版权和公共利益之间的平衡性，考虑到最终使用者的公益性，其可能承担的版权风险和责任被大大削弱了。在数字图书馆建设的初期，图书馆对自我的认识和定位不清晰，在公益性组织和营利性机构之间摇摆，有仍然保持公益性服务的组织项目，比如CADAL计划，也有许多数据库商家声称自己的商业产品为数字图书。目前，国内数字图书馆主要有营利性和公益性两种运行模式[31]。因此，有的学者认为，相对于传统图书馆，数字图书馆的法律性质已经发生了改变。数字图书馆已经不再是公共服务机构，也不再具有公益性，数字图书馆的法律地位需要重新进行评估。这是因为数字图书馆可能与出版发行的商业职能相结合。图书馆可能不再保持公益性，转而成为一种营利性组织，其相应的权利和义务将完全不同。因其公益性在著作权法中获得的特殊地位则可能消失，著作权法所采取的调整方法和原则也应作出相应的改变。但也有学者认为，数字图书馆不过是运用计算机、互联网等新兴数字技术，增加传统图书馆信息传播的效率和范围，使得服务更加便捷，以达到提升图书馆的建设和服务水平，以及扩大图书馆影响力的目的。数字图书馆公益性的基本法律性质并未改变。虽然目前有些数字图书馆有一些商业产品，但是大部分的公共图书馆、高校图书馆和企事业单位图书馆所承办的数字图书馆都是非经营性质的，并通过互联网向公众提供免费的公开信息服务。并且，传统图书馆中也存在收费的现象，但这并不能动摇数字图书馆公益性的基本法律性质。相反的，随着数字技术的进步，数字图书馆能够为广大的读者提供更加优越的服务，其公益性的法律地位不仅不会被削弱，反而会加强[32]。文化部在2007年下达的《关于加强公共图书馆电子阅览室管理的通知》要求，图书馆必须保持公益性原则，“十一五”规划提出要科学地区分公共文化服务和商业文化服务，要求图书馆明确和突出其在加强公共文化服务上的地位和作用，肯定了图书馆的公益性[33]。在国际上，国际图联和世界知识产权组织都提出了“数字的不是不同的”观点，肯定了数字图书馆的公益性，相信数字图书馆仍然保持着公益机构的性质[34]。

其次，数字图书馆在法律上还可以作为作品的资源方。网络提供者（Internet Content Provider，ICP）一般拥有自己的互联网主页，并不定期地向网络用户提供网络信息资源，它具有一定的营利性质，通过加工、处理、编辑自己或别人创作的作品，供网络用户进行浏览和下载。数字图书馆在

提供数字信息服务时，通过互联网收集并传播数字信息，向公众提供数字信息资源的载体，这种模式与网络资源提供商类似。因此，数字图书馆也应该受到网络内容提供者的法律规范的约束，享有网络内容提供者的法律地位，承担起网络内容提供者相应的法律责任和法律义务，确认其所制作、收集和传播的数字化内容的可靠性和准确性，并不可通过网络生产、拷贝、发表、宣传违反国家相关法律法规的信息。目前，我国还没有明确的法律条款来规范网络内容提供者的权利和义务，但是可以参考著作权法对广播电台和电视台的相关规定：当相应的媒体上传他人尚未发表的作品时，应当获得著作权人的许可，并支付报酬；若上传他人已经发表的作品时，可以不经著作权人许可，但是需要支付报酬（著作权人声明禁止转载的除外）[35]。

最后，数字图书馆在法律上还扮演着数字媒体的角色，应当拥有作品传播者的法律地位。这是因为图书馆的职能之一就是传播信息和知识，数字图书馆是通过计算机和互联网信息技术来制作、收藏和传播作品的。并且，数字图书馆所传播的都是已经发表的受著作权法保护的作品，它在这一信息的传播过程中，不仅是作品的最终使用者，也是作品的传播者[36]。《2005年中国数字媒体技术发展白皮书》对数字媒体做出了详细的解释：数字媒体指的是以现代网络为主要传播载体，将数字化的内容作品分发到终端和用户消费的整个过程，具有数字化和交互性的特点[37]。数字图书馆利用数字技术来实现信息的制作、存储和发布，达到信息传播的目的，并且通过其网站、客户端等终端供用户使用，与用户实现了互动。与传统的数字媒体一样，数字图书馆作为一种新兴的数字媒体，也应具有数字媒体的法律地位和法律性质，需要承担传播科学文化的责任，具有为大众服务的公益性质，肩负着宣扬真实文明信息、消除信息鸿沟的公益法律任务。除此之外，在数字环境下，版权保护体系不仅应关注传统的复制权，更应当注意保护传播者的传播权（传播权又称为邻接权，相关的权利是围绕着传播者在传播过程中所付出的劳动和投资而产生的)。数字图书馆作为一种新的媒体，依靠网络对作品进行加工和传播，进行了大量的物质和精神投入，应当被视为邻接权人享有邻接权。在数字图书馆进行网络信息传播时，应当避免发生侵权行为。其所制作和传播的内容应该获得原版权人的授权，获得该作品的网络传播权和发行权等相关邻接权。

数字图书馆的法律地位不是一成不变的，随着社会和技术的发展进步，需要重新被解读和定义。数字图书馆的法律地位是特殊的，享有多重法律地位。图书馆既服务于社会公共利益，又需要平衡与著作权人之间的利益关系，是调节社会公共利益和著作权人私人利益的平衡器。数字图书馆的法律地位，直接影响到其所调整的公私利益之间的关系。当解读角度不同时，数字图书馆在信息链中所扮演的角色不同，法律地位也不同。但是有一些特点是共同的。首先，数字图书馆的公益性已经得到了肯定，无论是已发表作品的最终使用者、传播者，还是内容的提供者，数字图书馆的公益性都不会改变。其目的都是提升信息传播效率，改善读者服务的时效性，甄别真实信息，造福社会，惠及大众。其次，数字图书馆在法律上应当承担起对其制作和传播信息的真实性和有效性进行审查的责任，不得作出违反相关法律规定的行为。

## 五、数字图书馆发展困境与发展趋势

数字图书馆的发展离不开大量资金、先进技术以及科技人才的支持，这是制约我国数字图书馆发展的三大重要因素。

第一，与传统图书馆相比，数字图书馆虽然不需要投入物理空间和物理设备的建设，节约了这方面的成本，但在计算机硬件设备、网络设备，以及电子资源数据库等方面，往往需要更多的投入。并且，信息技术也在迅速更新，数字图书馆所使用的计算机网络软件和硬件需要不断更新，才能跟上信息发展的脚步，不然就会出现图书馆刚买来的技术和设备马上就过时的问题。因此，数字图书馆建设是一项复杂的工程，需要长期的投入。稳定的、有保障的资金链是数字图书馆建设的前提条件。在实践中，如何平衡传统的纸质图书业务和数字图书馆建设经费的投入，也是图书馆面临的现实问题。除此之外，传统图书馆的从业人员往往缺乏计算机网络等科技信息专业技能，对于新兴信息技术的敏感度不高，这也制约着数字图书馆的发展。因此，在建设数字图书馆的过程中，不仅要加大对硬件设施的投入，还需要对图书馆的软实力重视起来，注重图书馆从业人员的信息化素养的提升，提高数字图书馆的信息化工作水平。

第二，缺乏数字信息资源的深层组织和整合是现阶段我国数字图书馆发展的另一大问题所在。目前，我国图书馆的数字化建设主要是对供读者检索阅读的信息资源进行数字化扫描、标记、处理和存储。这些服务较为简单，功能单一且缺乏深度知识的组织、整合和挖掘，无法满足读者对文献信息的深层次技术和服务需求[38]。

第三，著作权纠纷也是一直阻碍数字图书馆发展的一个重要问题。数字图书馆的特性使之更加容易产生版权纠纷。随着网络技术的发展，数字图书馆通过网络方式对作品进行数字加工、开发和传播的过程中，增加了作品被盗版的风险，加剧了数字图书馆的版权纠纷。如何保护收藏的信息资源免受盗版侵害，成为数字图书馆应当考虑的重点问题。数字图书馆在开展工作服务的多个环节中都涉及著作权纠纷，不仅在网络传播中面临着危机，在收藏数字资源的过程中也面临着版权风险。数字图书馆在收藏数字资源的过程中，由于资源量过大，很难获得每一位作者的授权，信息资源的版权难以管理，这就使得数字图书馆很难避免因自身的收藏行为而产生著作权侵权的风险。在实践中，此类案件时有发生，就连中国知网、百度文库等国内数字图书馆领军企业，也深陷著作权侵权案件中[39]。除此之外，文献传递、移动图书馆等服务中，都更加凸显著作权的法律问题。

数字图书馆的发展已经走过了 20 多个年头，国内外数字图书馆的建设从20世纪90年代末开始对技术实现的探索研究到现在更多地追求新技术下数字图书馆的创新服务和功能，其发展趋势和方向随着不同时期有着不同的含义。特别是进入2010年以后，互联网新兴技术的快速发展使得数字图书馆在新技术下有了更多的发展空间。在早期文献中，对于数字图书馆发展趋势和前景的研究主要集中在数字图书馆的技术问题、个性化服务、图书馆员角色转变方面。在技术方面，主要集中在数字图书馆的用户界面和如何有效获取、存储和组织数字化资源，以及高效地支持浏览、检索和共享电子资源[40]。汪冰（1998）指出，数字图书馆的发展对图书馆员提出了更高的要求，他们需要掌握现代化的信息技术和学习更多的知识去适应新的环境。美国国家图书馆与信息技术联合会的专家认为，个性化服务是未来数字图书馆发展的重要一步[41]。赵继海（2001）从个性化定制服务的理念和实现技术出发，说明了数字图书馆的个性化定制服务是其未来发展和应用的重要任务，同时也是提高数字图书馆服务质量和信息资源使用效益的重要手段[42]。随着数字图书馆项目的大规模建成，数字图书馆的发展又逐渐转向海量信息资源建设、信息深层次加工、智能检索技术、内容管理和学科信息服务方面[43]。赖宁和蒋飞云（2006）谈到了知识管理技术、全文检索技术、跨平台技术以及推送技术是让数字图书馆得以更好发展的前景[44]。张晓林（2011）引入破坏性技术的概念，详细介绍了可能改变数字图书馆模式的一些破坏性技术，如数字化出版、科学数据和语义化出版等，分析了在破坏性技术下数字图书馆的战略发展方向[45]。近些年来随着移动互联网、人工智能、云计算、大数据等新兴技术的出现，数字图书馆开始探索在新技术下的发展方向，目前对数字图书馆发展趋势和方向的研究内容有以下几个部分。

首先，是云计算环境下数字图书馆的创新发展。云计算技术的出现使得海量网络信息的处理速度和处理能力得到大幅度提升。对于互联网公司来说，云计算解决了海量用户数据的处理问题，使得用户可以快速稳定地访问和使用其开发的功能。同样的，对于数字图书馆来说，能否对海量的文献信息资源和各种类型的多媒体资源进行组织、处理、加工，是影响其提供各种服务的重要因素。目前，云计算在数字图书馆的应用已经较为成熟，国内外学者关于云计算在数字图书馆的研究也出现得较早，周舒和张岚岚（2009）从云计算技术的原理出发，具体阐述了在云计算模式下数字图书馆扩展其服务和功能的方式[46]。Yang 和 Liu（2010）分析了云计算在数字图书馆资源共享方面的优势，认为其可以提高资源共享的能力和资源利用率[47]。在利用云计算平台构建方面，Zhang Q. S 和 Wang X.Y 构建了数字图书馆的云服务平台，给出了基于云计算的数字图书馆平台系统模型[48]。虽然云计算在图书馆的应用较早，但是作为目前主流的技术，云计算在今后很长一段时间也将会是数字图书馆进行研究的重点，海量信息计算和处理能力的进一步提升和平台架构的改进会促使数字图书馆在此基础上提供更多的创新型服务。

其次，人工智能对数字图书馆产生了深远影响。近年来，人工智能领域的发展速度正在影响着我们生活的方方面面，如我们手机上日常使用的智能语音功能给我们带来了很大的便利，特斯拉无人驾驶汽车的出现使得自动驾驶成为了可能,智能家居生态链使得我们的生活更加安全和智能等。因此，未来人工智能能发展到何种程度是我们都无法预料的问题。但是可以肯定的是，它将更加深刻地影响我们的生活，也将同样地影响数字图书馆的发展。孟庆宇（2018）针对当前人工智能技术在数字图书馆研究中经费不足、人才短缺等问题，提出了要培养人才队伍、提高科技创新和建立人际交互等策略[49]。国外学者 William 和 Kyle（2015）介绍了在 CiteSeerX 这样一个数字图书馆搜索引擎中使用 AI（人工智能）技术进行文档分类和重复数据删除、文档和引文聚类、自动元数据提取和索引以及作者消除歧义等[50]。朱昊（2018）从智能资源建设、智能感知空间和智能信息服务三个维度介绍了人工智能应用于新型数字图书馆的技术路径[51]。总体来说，目前人工智能技术在数字图书馆的应用中存在人才短缺、经费设备投入不足和数据采集存在困难这几个方面，这也是未来数字图书馆进行攻克和研究的重点。

最后，关联数据在数字图书馆研究引人注目。关联数据技术是国际互联网协会（W3C）所采用的一种数据规范，它采用语义网技术（如 URI、HTTP、RDF 等）将网络上的各类数据和信息建立语义关联，从而能够实现在语义网中进行各种数据、信息和知识的发布、共享和关联。Lujan-Mora 等（2016）指出语义网鼓励包括图书馆在内的机构跨 Web 收集、链接和共享其数据，以简化计算机对数据的处理，获取更好的查询和结果[52]。关联数据技术是近年来图书情报领域研究的热点之一，也是数字图书馆将其应用到自身发展的一项关键技术。在数字图书馆的信息推送方面，韦绍芬（2018）通过构建关联聚合的数字图书馆知识推送服务架构，介绍了在数字图书馆中实现集成知识推送服务模式的实现路径[53]。王萍和黄新平（2016）以欧洲数字图书馆为研究案例，并从资源内容描述规则、语义知识本体模型设计、元数据语义化操作和关联数据的发布与访问四个方面对欧洲数字图书馆的数字文化资源语义融合的实现方法进行分析[54]。关联数据技术可以解决 web 语义网缺乏关联的不足，使得 web 服务里面的数据和信息相互关联起来，目前国内对关联数据在数字图书馆应用的研究尚未成熟，数字图书馆利用关联数据可以实现诸如智能语义检索、多样化知识服务等功能，未来关联数据也将扮演更为重要的角色。

# 第二章　著作权法

著作权立法与数字图书馆联系密切。图书馆作为文献信息的储藏和传播中心，所涉及的文献、知识和信息大部分都在著作权法的保护范围之内。并且，图书馆资源的开发利用也离不开著作权法的保护。例如，图书馆资源的借阅、复制、下载、传播和开发等行为都与作者的精神权利和经济权利密切相关。此外，图书馆的一些特定行为也被著作权法认定为“创作”，应当享有著作权，并受到著作权法的保护。例如，图书馆馆藏古籍注释、期刊报纸的编辑等[55]。著作权法的立法目标是鼓励创作，促进文化科学事业的发展，从而争取公共利益最大化。著作权法对图书馆的复制、交换馆藏，以及对借阅、咨询和检索等服务活动都产生了深远影响，在数字图书馆的建设与发展中扮演着重要角色。

## 一、国内外著作权立法发展历程

### 1. 国外著作权立法发展历程

不同法系的国家对著作权法的立法思路是不同的，有的较为松散，有的则较为缜密，大陆法系国家和英美法系国家对于作品保护的表现方式不同。一种是以版权制度（copyright）为核心，以保护作品的出版发行为重点，将著作权当作平衡作者和作品消费者的平衡器，英美法系国家多采用此种方法。一种是以作者权（author’ s right）为核心，认为作者天然地对作品拥有著作权，重点放在保护作者的合法权益上，大陆法系国家多采用这种方式。此外，各国的国情和经济、文化发展水平存在差异，因此，各个国家著作权法的立法理念和制度设置也不尽相同。

16 世纪起，一些西欧国家就设置了特许经营的方式来实现文献作品的保护。有些国家颁布特别法律，授权建立特别图书出版机构，还有些国家向上层特权群体，比如皇亲贵胄、骑士和宗教团体等颁发特许经营证，允许他们独占出版和发行特定书籍作品的权利，但禁止他人私自刊印[56]。不同于现代著作权的性质，这完全是一种封建特权。当时的特许权制度的核心是保护图书的出版和发行，以版权制度为核心，不重视对作者权利的保护。但是，随着欧洲资产阶级革命的爆发和资本主义的萌芽，"天赋人权"的个人权利思想开始流行，西欧著作权保护体系的核心逐步从保护作品的出版和发行转移到对作者权利的保护上。

（1)英国

英国是英美法系的代表国家，也是世界上最早将作品保护制度的重点转移到保护作者权利的国家之一。英国是现代著作权制度的起源地，从都铎王朝开始，封建贵族的特许经营权泛滥。1710 年，英国国会颁布了著名的《安娜女王法》，该法案的全称为《为鼓励知识创作而授予作者及购买者就其印刷成册的图书在一定时期内享有权利的法案》。从此法案的名称就可以看出，该法案通过赋予作者在一定期限内对其出版成册的图书享有的权利来鼓励创作[57]。《安娜女王法》由序言和十一条条文组成。序言阐述了该法案防止翻版盗版，鼓励创作的立法目的，随后详细规定了作者对其已经出版成册的图书享有的权利和应尽的义务，并特别指出，在没有作者同意和授权的状况下，任何人不得擅自印刷、出版和贩卖其作品，否则将会受到包括没收、销毁和罚款在内的处罚。根据《安娜女王法》，作者对其已经出版成册的图书享有 14 年的权利期限，到期后若作者仍在世，还可以再获得 14 年的续期。《安娜女王法》是公认的世界上第一部著作权法，是后世著作权法的雏形和起源，它的意义在于废除了原有的贵族特许经营制度，从作者权益出发，规定了作者对其作品所享有的权利和应尽的义务。但是《安娜女王法》也存在着局限性，它的核心价值建立在对作品经济权利的使用考量的基础之上，并仍保留了出版商的经营特权，规定图书出版商与作者享有相同的权利——出版商对其出版发行的图书作品也享有 14 年复制、出版和销售的权利期限，并且到期后也一样可以再续期 14 年，自此以后，作品的经济权利成为了版权制度体系的核心基础与特性。继《安娜女王法》之后，英国又颁布了多个版权单行法，包括 1814 年《英国版权法》、1842 年《英国版权法》、1911 年《英国版权法》等，但是这些单行法都没有规定作者除了经济权利之外的权利。1911 年《英国版权法》中规定，出版商必须在新书出版后的一个月内将样书送至大英图书馆收藏，这说明最早的将境内出版物送至图书馆收藏的相关法条是出现在著作权法中的[58]。直到 1956 年《英国版权法》的发布，英国才在版权法体系中加入虚假署名的相关内容，开始注重对作者精神权利的保护。1988 年，英国颁布了现行的著作权法，全称为《著作权、外观设计及专利法》，并在其中新增了作者的署名权和保护作品完整权等精神权利，进一步完善了对作者精神权利的保护。并且，在现行的 1988 年著作权法中设置了专门的图书馆相关章节，专门规定了图书馆的合理使用豁免权。从立法技术来看，以英国为代表的版权保护体系强调的是作品的经济适用性，所以通常先规定作者对其作品享有的经济权利，再规定作者享有的精神权利。以英国为源头的版权保护体系，深刻影响了美国、澳大利亚等英美法系的国家。

(2)美国

美国版权法的历史最早可以追溯到 17 世纪。1790 年，美国第一部联邦版权法诞生。1790 年《美国版权法》源自 1787 年的《美国联邦宪法》。

1787年《美国联邦宪法》是世界上第一部成文宪法，它明确规定了作者对其作品享有的排他性权利，目的是提升科学技术的发展[59]。知识产权保护内容入宪，被宪法所承认，成为美国的立国之本。可以看出，美国对知识产权的注重，这在当时的环境下意义深远，1790年《版权法》就是对《美国联邦宪法》的回应。1790年《版权法》的外部渊源是英国的《安娜女王法》，当时美国作为英联邦曾经的殖民地，受到了英国法律体系观念的影响，因此，美国的著作权体系效法英国而成。除此之外，当时美国刚刚独立，社会比较混乱，相关制度也不完善，盗版、偷印等侵犯知识产权的案件频繁发生。为了稳定社会，保护作者的知识产权，提升科学技术的发展，美国大陆会议于1783年通过了版权决议，建议各个州出台法律来保护作者和出版商在新书出版方面的版权。在大陆会议之后，美国多个州分别通过了版权法。但当时美国还未成立联邦制，各个州独立自治，各个州单独制定的独立立法之间也经常出现冲突与矛盾。为了统一制定各州的著作权法，调和矛盾，美国在总结了各个州的立法经验后，又在英国《安娜女王法》的基础上颁布了1790年联邦《版权法》[60]。美国1790年第一部联邦《版权法》效仿《安娜女王法》的规定，给予作者长达14年的著作权保护期限，并且也同样规定到期后作者还可以续期14年。这一版权法促进了当时美国的经济文化发展，为其提供了法律保障。但是鉴于当时有限的立法水平，美国1790年《版权法》只保护美国公民的作品，没有将外国公民的作品纳入保护范围之内，保护客体范围比较狭窄，保护期限也相对较短，并且存在着定义不清晰、前后法条不一致等问题，虽然1790年《版权法》经历了多次修改，但仍然无法突破其局限性。

随着美国社会、经济、文化、科技的迅猛发展，原有的版权保护体系逐渐与社会脱节，已经无法适应社会发展的需要，完善版权法的呼声越来越强烈。因此，从1905年起，美国就版权法的修订举行了多次会议，一直持续到1909年，美国才终于颁布了第二部版权法。1909年《版权法》标志着美国知识产权保护体系现代化的开端，它突破了1790年《版权法》中的本土保护主义模式，扩大了版权保护的客体范围，将讲座、地图、照片、音乐作品、汇编刊物、胶片电影，甚至商品印花和标签等客体都纳入保护范围；它还延长了著作权保护期限，将之前效仿英国版权法设置的初始14年续展14年的保护期，延长至初始28年续展28年的期限，作品的总保护期限可以高达56年；它还改进了其他相关条款，在推进美国知识产权制度现代化和制度化进程中扮演了重要角色，激励了美国文化与科技的繁荣和发展。美国1909年颁布的《版权法》，标志着美国版权保护体系从初识阶段进入到高速发展阶段[61]。随后，美国1909年《版权法》分别在1912年、1913年、1914年和1919年都进行了轻微的修订。

自20世纪下半叶以来，计算机网络技术的发展突飞猛进，促使了以印刷为基础的版权保护模式的改变，作品的创作、传播和存储方式都发生了巨大的变化，低水平的版权保护模式已经不能适应数字时代带来的挑战。与此同时，《伯尔尼公约》颁布之后，美国并没有立即加入，因为国际版权保护标准的建立与美国当时施行的版权法存在着诸多冲突。为了与知识产权国际版权保护体系接轨，促进经济和贸易发展，美国也需要修订其版权法，以适应国际趋势。于是，自1955年起，美国国会对1909年《版权法》开始进行重大修订，并起草了一系列的草案，直至1976年，美国现行《版权法》得以颁布。美国1976年《版权法》是世界上规定得最为详细和全面的知识产权法律之一，构建了美国版权保护体系的基本架构。美国1976年《版权法》属于联邦立法，最初颁布时只有62页内容，后续经历了二十多次修改之后，内容篇幅增加到235页。它首次引入了创造性的合理使用豁免制度，规定可以因法定理由而无须作者授权来使用其作品，还在1988年的修订中将图书馆加入到合理使用豁免权之中。同时，它还对版权许可制度作出了详细说明，并又一次延长了版权保护期，取消了原始保护期和续展保护期的规定，新设定一次性的保护期限，即作者在世时再追加 50 年的保护期，加强对作者的著作权保护，此举已被许多国家所采用。通过对 1909 年《版权法》的调整，1989 年美国终于加入了《伯尔尼公约》，并在 1995 年加入了《与贸易有关的知识产权协定》（简称《知识产权协定》），至此，美国版权制度建设已初步完成，并形成了较为健全的版权保护体系，成为了国际版权规则的制定者和引导者。

（3）法国

作者权保护体系以法国、德国和日本为代表，法国是作者权保护制度的发源地。随着欧洲启蒙运动的蓬勃发展和法国资产阶级革命的爆发，强调“人人生而平等”的个人权利，封建王权、神权政治和等级制度被抛下了神坛。法国的著作权保护制度的重心比英国转移得更加彻底。在法国大革命期间，法国颁布了《法国作者权法》，强调作品创作者的地位，创作者享有作品的复制和发行等经济权利。法国国民议会也通过了《法国表演权法》和《法国导演综合权利法》，这不仅保护了表演和作品本身，还将保护范围扩大到了作品的创作者和表演的表演者本身。在这一理念下，与作品有关的复制、发行、演出等各种权利，都属于作品的创作者，而图书出版者则与此无关，以作品的创作者为核心，这就是作者权保护体系的特点。法国大革命爆发之后，资产阶级革命席卷了整个欧洲，许多欧洲国家都以法国为榜样，接受了作者权保护制度的概念。在此基础上，德国哲学家，如康德、黑格尔等还提出作者对其作品享有精神人格权利的主张。他们认为，作品反映了作者的精神、人格的劳动和成果，还体现了作者的人格特点，作者对其作品不仅保有经济权利，也应该拥有精神权利，如作品的发表、署名和保护作品完整的权利，并且作者的精神权利不能转让给他人或者被继承。一般来说，作者权体系强调创作者，也就是“人”的重要地位，因此，在立法时，往往先规定作者的精神权利，然后规定作者的经济权利。法国的著作权保护制度影响深远，对德国、日本等大陆法系国家产生了深远影响。新中国的著作权保护制度，也遵循了大陆法系的作者权保护体系的理念和主张，规定了作者对其作品所享有的经济权利和精神权利。

（4）德国

德国是大陆法系的典型代表，其著作权法律制度沿用法国的作者权保护主义。1837 年《普鲁士著作权法》诞生，这是德国第一部著作权法。1871 年，德意志帝国建立，在宪法中明确了保护知识产权的立法精神，制定统一的著作权法被提上了日程。1871 年 6 月 11 日，德意志帝国第一部统一的具有现代意义的《著作权法》问世，其保护范围包括文学作品、音乐作品、图片作品和戏剧作品等艺术版权，并包含了 4 条“合理使用”相关条文，标志着德国的著作权统一保护的开始。到了 19 世纪末期，最初的著作权法已经无法适应新技术发展水平，并且出现了著作权和版权主义的争论。1901 年，德国颁布了新的《版权法》，但是这部《版权法》仅适用于文字作品和音乐作品，并不包括图片、戏剧等艺术作品，随后，德国试图将《著作权法》与《版权法》统一起来，并作出了许多尝试[62]。1965 年，现行的德国《著作权法与邻接权法》颁布，并首创了“版权补偿金制度”。德国作为资深的出版业强国，在著作权保护领域一直领先，并积极参与著作权国际保护规则的制定。德国主导了《伯尔尼公约》的签订，并将几个国际版权保护公约作为重要的法律渊源。

（5）日本

现代日本著作权法的雏形可以追溯到明治维新时期的《出版条例》，其中规定了著作权的转让、继承和侵权损害赔偿等内容[63]。日本第一部《著作权法》于 1899 年颁布，并持续了半个多世纪，直到 1970 年，日本颁布了现行的《版权法》。1970 年《版权法》在颁布之初仅有 124 条，在随后的几十年间，日本现行《版权法》经历了十几次大大小小的修订，修法频率非常高，现已有近200条，仍在不断的完善和进步中。日本1970年《版权法》采纳了法国的著作权法律体系，以保护作者的经济权利和精神权利为核心，具有明显的大陆法系特征，并对著作权的权利主体、客体、内容、期限、登记、侵权和救济等方方面面都作出了详细的规定。但是，日本现行的版权制度与传统的大陆法系版权保护并不完全相同，如在保护作者的精神权利方面，日本不承认作者享有“收回权”。日本的著作权保护历史呈现出修订频繁、更新及时，并紧跟国际版权保护趋势的特点。值得注意的是，在日本1970年《版权法》的立法和修订过程中，图书馆的参与程度非常高，日本的立法机关高度重视图书馆的意见和建议，图书馆界也派代表参与到立法和修订的过程中，这使得日本现行的《版权法》中规定了更为详尽的图书馆服务和细则，减少了现实中图书馆活动的阻碍[64]。

### 2. 中国著作权立法发展历程

我国著作权法的产生和发展历程是由当时社会的政治、经济水平、技术条件和法治水平所决定的，反映了立法与政治、经济、文化等因素之间的内在联系。

#### （1）中国古代的著作权法萌芽

中国的著作权法雏形始于宋代。著作权最早就是基于对作品复制权的保护而产生的，随着造纸术和印刷术的发明和盛行，宋代民间出现了私自盗版印刷图书作品的现象，宋神宗颁布了禁令，禁止除国子监以外的个人和机构私自印刷《九经》，体现了对作品复制权的保护。宋代的印刷保护禁令实际上赋予了国子监印刷图书的特权，保护其出版权和复制权不被他人所侵害，这与现代著作权法中对作品的专有出版权十分相似。“宋代出版禁令”不仅对作者，还将官方认可的印刷者也列为受保护的主体，并且设立了登记制度。当时的著作权人可以向当地官府进行登记注册。登记后，除了登记人外，其他人严禁复制刻板私印。宋代的复刻禁令在元朝也得到了沿用。宋、元的出版禁令是我国著作权制度的萌芽，这一萌芽的出现至少比西方早了半个世纪。然而，著作权制度却无法在中国古代的社会和经济条件下发展起来，并在此后的很长一段时间内停滞不前，仍处于原始、粗糙的状态，既未发展为现代的著作权保护制度，也并未确立统一的全国性的版权保护体系。

（2）清末民初著作权法的初步发展

清末民初，现代著作权保护思想逐渐传入中国，现代的著作权保护制度逐步建立。鸦片战争后，中国沦为半殖民地半封建社会，闭关锁国的大门被西方列强打开，西方文化开始冲击中国，随之而来的是西方近代的各种立法思想，现代的著作权保护意识和权利观念也在这个时期传入中国。当时，严复、蔡元培等著名知识分子提出了确立和保护作者权利的立法建议和主张，随着民主意识的高涨和资本主义意识形态和制度的推进，为我国近代著作权立法进程奠定了社会基础。在西方列强的打压之下，清政府意识到修订现代著作权立法的重要性，便开始立法。1903 年，中美两国签订了含有著作权贸易相关内容的《中美通商行船续订条约》，标志着中国近代著作权概念的出现[65]。1910 年，清政府参照了德国、日本等大陆法系国家的版权保护内容，制定了《大清著作权律》，对著作权的定义、范围、作者的权利和义务等基本内容作出了详细的解释和规定。《大清著作权律》由总则、权利期限、报告义务、权利限制和附则五个部分构成。从内容上来看，《大清著作权律》明确了出版权、复制权、改编权和署名权都应属于著作权人的权利范畴，还对作品的范围作出了解释，指出作品不仅应包括文字作品，还应包括雕塑、模型等实物作品。此外，《大清著作权律》对著作权人权利的保护期限、限制以及侵权损害责任等内容都作出了明确的规定。然而，由于辛亥革命的爆发，《大清著作权律》并没有真正得到实施，但它也标志着中国历史上第一部著作权法的诞生[66]。随后，北洋政府颁布了《北洋政府著作权法》，国民政府则颁布了《中华民国著作权法》，这都是我国著作权保护制度的重要实践。

(3)中华人民共和国第一部《著作权法》的诞生

中华人民共和国成立后，百废待兴，当时的著作权法律保护体系还处于空白，尚未制定具体的法律法规。直到 20 世纪 50 年代，我国著作权保护制度才开始建立，20 世纪 90 年代著作权法保护制度进入初步建设阶段，21 世纪初基本完善。这是一个从被动立法到主动修订的演变过程。

中华人民共和国成立之初，在著作权立法方面进行了一系列的尝试，但最终都未能建立起一个统一的著作权法律体系。1950 年，第一届全国出版会议呼吁社会各界尊重知识产权，禁止抄袭、复制、篡改等行为。1952 年，国家出版总署颁布《国营出版社编辑机构及工作制度的规定》，指出为保障作者应有的权利，出版社在征稿时需与作者签订合同。在此基础上，国内各出版社都陆续拟定了相关合同和支付报酬的办法，这样就减少了著作权纠纷的发生概率。1955 年，我国成立了第一个著作权法起草小组，尝试制订一部完整的著作权法。然而，鉴于当时的社会、经济和立法条件，著作权法并没有成功颁布，这也是新中国历史上建立全面、完整的著作权立法体系的第一次尝试。1957 年，国务院文化部起草了《保障出版物著作权暂行规定（草案）》，虽然该草案只是一个部门规章，但它也对著作权主客体、保护期限、侵权法律责任等现代著作权法内容作出了明确规定[67]。

随着中国经济逐步走向世界，版权保护意识逐渐增强，著作权法也迎来了重要的发展机遇。1979 年，中美双方在美国白宫签订了《中美科技合作协定和文化协定》，这是中美建交以来签署的首批政府间协议之一。在签署协议的过程中，美国要求在协定中加入版权保护等知识产权条款，中国意识到在改革开放中，建立与国际版权保护体系相适应的地方保护体系的重要性。此后，国家出版局立即向国务院上报申请，要求成立专门机构研究起草新中国的著作权法，并在同年起草了《中华人民共和国出版法》，揭开了新中国著作权立法的序幕。但由于其内容设置不合理，该法受到了广泛的质疑。1980 年，国家出版局在听取了多方意见之后，颁布了《中华人民共和国著作权法（草案）》，并于 1983 年将其修改为《中华人民共和国版权保护暂行条例》。这些措施成为了我国著作权保护制度的立法基础，新中国著作权立法雏形就此形成。

1985 年，国家版权局成立，负责著作权法的起草、指导和管理工作。1985 年，国家版权局颁布了《图书、期刊版权保护试行条例》，并制定了实施细则。1986 年，国家版权局提交了《中华人民共和国版权法（草案）》，后又修改为《中华人民共和国著作权法（草案）》。然而，著作权法的立法过程并不顺利，在接下来的几年里，它经历了许多曲折，并被多次修改。1986 年 4 月 12 日，第六届全国人民代表大会第四次会议通过了《中华人民共和国民法通则》，规定我国公民和法人都享有包括署名、发表、出版、获得报酬在内的著作权，为新中国著作权法的诞生奠定了法律基础。在各方努力下，1990 年 9 月 7 日第七届全国人民代表大会常务委员会第十五次会议通过了《中华人民共和国著作权法》，并于 1991 年 6 月 1 日起正式施行，我国第一部《著作权法》诞生了。1990 年《著作权法》从我国国情出发，以保护作者的创作权利为宗旨，不仅对自然人主体予以保护，将符合规定的法人和非法人单位也纳入保护范畴，并对著作权人的经济权利和精神权利都做出了相应规定，这与《伯尔尼公约》《世界版权公约》等国际版权公约的精神是一致的。值得注意的是，在立法的过程中，对使用“著作权”还是“版权”的名称进行了激烈的讨论，两个专有名词在之前的草案中都曾经使用，最终还是使用了“著作权”作为立法的名称，并在第五十二条注明“本法所称的著作权与版权系同义语”。我国第一部著作权法的诞生，为人民法院和行政管理部门了解、审查和判断提供了现实的法律依据。

它不仅标志着我国著作权保护制度的进一步发展，还标志着中国著作权保护制度开始与国际接轨、与时代同步，为中国加入国际公约和国际组织提供了法律基础，成为新中国知识产权制度建设发展的里程碑。1991 年 5 月 30 日，国务院发布了《中华人民共和国著作权法实施条例》，与 1990 年《著作权法》一样于 1991 年 6 月 1 日起施行。1991 年 6 月 4 日，国务院依据 1990 年《著作权法》的相关规定颁布了《计算机软件保护条例》，直至此时，我国才终于形成了一套属于自己的著作权立法体系，正式结束了中国历史上著作权无法可依的局面，中国著作权保护体系初步建立。

从国内来看，1992 年 10 月，中国共产党第十四次全国代表大会明确了我国经济体制改革的目标是建立社会主义市场经济体制。在社会主义市场经济制度下，中国经济飞速发展，此前建立的著作权立法制度缺陷频现，与市场经济发展的步伐不相适应，有必要进行及时调整和修改。从国际来看，20 世纪末至 21 世纪初，市场经济和全球化趋势席卷全球，国际经济和贸易格局调整，使中国的参与程度进一步加深，知识产权问题成为世界贸易的关键问题之一。因此，在这个阶段，中国著作权法体系的调整与改革不仅要适应中国社会新的经济体制，而且必须接受国际标准，为中国参与世界贸易和加入国际公约做准备。1991 年 9 月，中国版权代表团赴瑞士日内瓦与世界产权组织会谈，为中国加入《伯尔尼公约》《世界版权公约》以及《日内瓦唱片公约》等国际版权公约铺平了道路、扫清了障碍。1991 年，美国根据 1988 年《综合贸易与竞争法案》的 301 特别条款，将中国列为侵犯知识产权的主要国家。随后，两国进行了谈判并达成协议，签订了《中美政府关于保护知识产权的谅解备忘录》，中国承诺依据国际标准来修改现在实施的专利法，并增加对计算机软件的保护年限。中国于 1992 年、1993 年分别加入了《世界版权公约》《伯尔尼公约》和《日内瓦唱片公约》这三个知识产权国际公约，标志着中国的著作权保护体系与世界接轨。中国著作权发展进程和改革开放的步伐是一致的，著作权立法和加入国际知识产权公约是我国实施改革开放政策的重大成就。

（4）《中华人民共和国著作权法》的三次修订

2000年以来，随着互联网迅速普及和发展，著作权保护的法律范围不断扩大，著作权法的重要性日益凸显。在复杂的网络环境下，原有的著作权保护制度已经不足以保护各方的权利，网络时代需要增加新的内容。此外，为了加入世界贸易组织，我国也必须对1990年颁布的《中华人民共和国著作权法》进行全面修订，以满足《与贸易有关的知识产权协定（简称TRIPs）》的要求。因此，在2001年10月27日，第九届全国人民代表大会常务委员会第二十四次会议通过了《关于修改〈中华人民共和国著作权法〉的决定》，对1990年《著作权法》进行了首次修订。这次修订对1990年《著作权法》进行了全面调整，删除了一些过时的规定，移除了不符合国际知识产权公约的内容，增加了网络时代新的权利内容，如信息网络传播权、机械表演权等，促使我国著作权保护方式满足《与贸易有关的知识产权协定（简称TRIPs协定）》中关于经济全球化的要求，符合知识产权一体化的国际主流标准，明确了知识产权的私权属性，有利于实现社会主义市场经济体制下贸易自由化的目标，有效地促进了我国著作权立法体系的改进与完善。不仅如此，2001年《著作权法》的首次修订在权利归属、侵权损害赔偿、权利保护、执法力度等方面构建了更加系统的著作权保护体系，提高了著作权保护水平，才能够在改革开放和网络信息时代的新环境下更好地保护著作权人的权利[68]。与此同时，文化产业蓬勃发展，伴随着大量的版权纠纷，著作权理论研究和立法水平需要及时更新，以适应更加复杂的法律关系和法律客体的需要。为了解决这种情况，国家不断出台相关的司法解释、行政法规以及指导性案例等，比如《信息网络传播权保护条例》《著作权集体管理条例》和《计算机软件保护条例》等，进一步规范和完善著作权法的适用规则。我国的著作权保护制度日益完善，逐渐形成了一个以《中华人民共和国著作权法》为核心，辅以《计算机软件保护条例》《中华人民共和国著作权实施条例》等相关行政法规、司法解释、指导案例和指导意见的多层次的系统的著作权立法体系，它已成为规范知识文化创新以及保护相关市场经济活动的立法机制，为我国社会、经济、技术和文化产业的快速发展提供了制度保障。

2010 年 2 月 26 日，根据第十一届全国人民代表大会常务委员会第十三次会议《关于修改〈中华人民共和国著作权法〉的决定》，对我国《著作权法》进行了第二次修订。这次修订的契机是中美在世界贸易组织体系下的一次知识产权贸易争端。我国根据世界贸易组织的裁定，进一步将中国的著作权立法标准提升至国际水平。

目前，我国已经完成《著作权法》的第三次修订。2012 年，国家版权局发布了《著作权法》第三次修订草案；2014 年，《中华人民共和国著作权法（修订草案送审稿）》正式公布。2020 年 11 月 11 日，根据第十三届全国人民代表大会常务委员会第二十三次会议关于修改〈中华人民共和国著作权法〉的决定》，对《著作权法》进行第三次修订，并于 2021 年 6 月 1 日起施行。从我国的现状来看，我国把知识产权制度提升至国家战略地位，重点是加快建设创新型国家，倡导创新型文化，加强知识产权的创造、保护和应用。另外，随着我国国力的提升，在世界知识产权组织和公约中的影响力也在不断增加。中国的著作权制度需要改革，必须从被动地遵循国际规则，转变为积极地参与和影响适合中国国情的版权规则的制定。但是仅加强保护是不够的，还应重视著作权的创造、行使和管理，中国著作权立法需要从只注重成果保护，向注重著作权的产生、使用与管理的全面发展阶段转变[69]。

虽然我国已形成了一套由法律、行政法规、司法解释以及指导性案例等法律文件组成的著作权保护体系，然而除了《信息网络传播权保护条例》中规定了有关数字图书馆的内容之外，其他法律文件并没有包含数字图书馆的相关内容，著作权立法体系中对数字图书馆不够重视，从长远来看不利于数字图书馆的建设与发展。

### 3. 国际著作权保护发展历程

#### （1）《伯尔尼公约》

世界上第一部版权立法《安娜女王法》颁布之后，许多国家纷纷效仿，建立了自己的版权制度，至此，版权制度在世界范围内得到普遍确立。但是，当时作者的作品一般只在本国受到保护，其他国家并不为其提供保障。随着通信技术的日益发展，各国之间的联系日益密切，出版业国际化程度的加深，使版权国际保护成为了趋势。19 世纪，出现了许多双边版权国际条约，但每个国家的版权保护水平不同，使得这些双边条约的谈判进行得非常艰难，也很难管理，无法达到多国共同保护的目的。1878 年，雨果在巴黎主持的国际文学和艺术联合会拟定了一份关于国际版权保护的组织、权利和程序等内容的草案，这就是《伯尔尼公约》的雏形[70]。自 1884 年以来，英国、美国、法国、德国、意大利等国多次举行会谈，讨论制定国际版权公约。1886 年 9 月 9 日，在瑞士首都伯尔尼，英国、法国、意大利、德国、比利时、瑞士、西班牙等十个国家签订了《保护文学和艺术作品伯尔尼公约》（*Berne Convention for the Protection of Literary and Artistic Works*）及其附加条款和补充条款，简称《伯尔尼公约》，用于版权国际保护，实现多国共同保护的目标，参与国也组成了伯尔尼联盟。《伯尔尼公约》被称为国际著作权保护的母约，自生效以后经历了七次补充和修订。《伯尔尼公约》是在国际资本主义自由竞争的大环境下诞生的，它标志着国际版权保护制度的初步形成。

《伯尔尼公约》分为实体条款和行政条款两部分。实体条款规定了公约的宗旨、保护范围、基本原则、基本权利等内容；行政条款则对公约的加入、管理等细节做出了说明。《伯尔尼公约》中制定的几条重要的基本原则，包括国民待遇原则、自动保护原则、独立保护原则和最低限度保护原则，要求公约缔结国都必须遵循。

国民待遇原则指的是《伯尔尼公约》的成员国必须对其他成员国国民的作品给予等同于本国国民的版权保护。这里的成员国以创作者的国籍、常住地或者作品的首次出版地为标准。《伯尔尼公约》的第三条、第四条和第五条部分条款都体现了这一原则。此外，无论作品是否出版，都受到国民待遇原则的保护；同样，享受国民待遇的作者或其作品的著作权受到侵害时，无论是在哪个成员国内发生的侵权行为，都有权在侵权行为地所在成员国发起诉讼和维权。

自动保护原则规定作者及其作品所享有的国民待遇是自动产生的，不需要履行任何的注册、登记、缴费等程序，并自作品诞生之日起就自动获取。《伯尔尼公约》中第五条第二款对此做出了明确规定，自动版权保护原则意味着一部作品只要受《伯尔尼公约》的约束和保护，它就可以在全联盟共 90 多个成员国内都受到版权保护，不需要履行任何程序。

独立保护原则规定，《伯尔尼公约》的每个缔结国根据其本国的版权法保护其他成员国的作品，无论该作品在原成员国是否受到保护。因此，虽然国民待遇原则和自动保护原则可以使得一部作品在成员国之间自动获得版权保护，然而这种保护水平并不是完全统一的，而是根据不同国家的版权法而有所不同。

最低限度保护原则是对独立保护原则的限制。独立保护原则规定各个成员国根据其本国版权法来保护成员国的作品，导致了一些国家的版权保护水平过高，而一些国家的版权保护水平过低。因此，《伯尔尼公约》规定，虽然各个成员国的保护水准不一，但是都必须达到公约规定的最低限度的标准，这就对成员国的国内版权法立法水平提出了要求。

(2)《世界版权公约》

在国际版权保护史中，如果说《伯尔尼公约》代表了大陆法系的国际版权保护体系，那么另一部重要的公约就是《世界版权公约》(《Universal Copyright Convention》)，它代表了英美法系的国际版权保护制度。《世界版权公约》产生的背景是美国作为一个经济、文化发展迅速的国家，由于法律制度的差异、利益的冲突等复杂原因，不愿加入由英法等欧洲国家主导的《伯尔尼公约》体系，因此，在美国的策划之下，联合国教科文组织于1947年起草了《世界版权公约》，并于1952年在瑞士日内瓦签订，自1955年生效。它对《伯尔尼公约》起到了补充作用，代表着泛美版权体系的利益[71]。《世界版权公约》由7项实质性条款和14项行政条款组成，不像《伯尔尼公约》有着非常详细的规定，《世界版权公约》的条文比较笼统和概括，它保护的对象主要是文学、艺术和学术三个领域[72]。《世界版权公约》主要规定了双国籍国民待遇原则、非自动保护原则、版权独立性原则、作者的经济权利、保护期、无溯及力以及禁止保留条款。

这两个公约既有相似之处，也有不同之处。相同之处是两个公约都承认国民待遇原则和版权独立性原则；都承认了版权人应当享有的权利；都只允许新加入国只能使用公约的最新版本；都给予了发展中国家一些优惠政策[73]。不同之处主要体现在以下几个方面：第一，两个公约在保护的主体上存在差异。《伯尔尼公约》保护的主要是作者的权利，《世界版权公约》保护的主体不仅包括作者，还包括其他享有著作权的自然人，例如作者的雇主、作品的委托人等。第二，两个公约保护的期限也不同，《世界版权公约》的保护水平较低，它规定的权利保护期限只至作者去世后50年，比《伯尔尼公约》的期限短很多。第三，两个公约的溯及力不同。《世界版权公约》没有溯及力，并不适用于缔约国的过往案件。第四，两个公约规定的作者权利范围和内容不同。《世界版权公约》仅规定作者享有的经济权利，对作者的精神权利没有相应的保护规定。最后，根据《世界版权公约》规定，不允许缔约国做任何保留。

《世界版权公约》无法取代《伯尔尼公约》，到目前为止，这两个公约仍然处于共存和独立的状态。我国在 1992 年正式加入了《世界版权公约》，成为其成员国之一，并参与缔结了《世界版权公约》的子约《保护录音制品制作者防止未经许可复制其录音制品公约》（简称《录音制品公约》或《唱片公约》），用来专门保护录音制品制作者的权利。

（3）《TRIPs 协定》

虽然《伯尔尼公约》和《世界版权公约》都在国际版权保护中发挥了巨大的作用，但由于缺乏强有力的权力保证其实施效力，国际版权纷争仍然没有得到有效的解决。此外，自 20 世纪 80 年代以后，计算机、通信、网络、数字化等技术经历了巨大的发展，国际经济和文化贸易合作日趋紧密，原有的国际版权保护体系已经不能满足需求，为了应对国际知识产权保护的新局面，《与贸易有关的知识产权协定》（*Agreement on Trade-Related Aspects of Intellectual Property Rights*，简称 TRIPs 协定）诞生了。它的诞生才真正把国际版权保护带入了新时代。《TRIPs 协定》是世界贸易组织（World Trade Organization，WTO）管辖下的多边贸易协定。世界贸易组织于 1995 年 1 月 1 日成立，被称为“经济联合国”，在它的架构下，国际版权保护突破了原有的限制，提升到了新的水平。《TRIPs 协定》依托于世界贸易组织的框架，成为了各个成员国需要履行的国际义务，并且借助世界贸易组织的争端解决机制来解决国际版权纷争，为《TRIPs 协定》的实现提供了现实基础[74]。《TRIPs 协定》分为七个部分，共 73 条，首次将国际知识产权保护引入国际贸易领域中。随着经济全球化的发展，知识产权的经济价值越来越受到重视，版权保护问题也日益突出，这都要求国际版权保护必须由传统的文化领域延伸至经济领域。《TRIPs 协定》增强了版权保护力度，提升了版权国际保护水平。它对世界各国的经济、文化和贸易都产生了深远的影响，是国际版权保护发展的里程碑。

《TRIPs 协定》并不是独立的，它没有脱离原有的国际版权保护体系，而是在《伯尔尼公约》和《罗马公约》的基础上完成的，对现有的版权保护体系做出了补充和更新[75]。《TRIPs 协定》有以下主要改进：第一，《TRIPs 协定》扩大了版权保护的主体和客体范围。《伯尔尼公约》仅规定了对文学作品知识产权的保护，虽然在后续的几次修订中加入了对实用艺术作品的保护，但是保护的客体范围仍然狭窄。而《TRIPs 协定》不仅涵盖了版权及其邻接权的内容，还涉及商标、工业产品设计、专利等多种知识产权的规定，并要求成员国必须将计算机软件、程序和数据库列为版权保护对象，以顺应计算机技术的发展趋势，满足不断增强的计算机软件和程序产品的版权保护需求。第二，《TRIPs 协定》首次提出了国际版权保护的最惠国待遇原则。在《TRIPs 协定》诞生之前，《伯尔尼公约》制定的国民待遇原则在《世界版权公约》中也得到继承，逐渐成为了国际版权领域中的一项基本原则。在国民待遇原则的基础上，《TRIPs 协定》发展出了最惠国待遇原则，最惠国待遇原则要求成员国不仅要对其他缔约国的作品提供版权保护，并且保护力度不得低于本国国民的待遇。最惠国待遇原则本是国际贸易领域的基本原则，《TRIPs 协定》将其带入了国际版权保护领域，加强了国际版权保护的实质性互惠力度，提升了国际版权保护水平。第三，《TRIPs 协定》以《伯尔尼公约》为基础，扩展了著作权的经济权利内容。它首次规定了著作权人的商业出租权，并提出成员国应授予作者及其继承者至少在计算机程序和电影作品中向公众出租作品原件或复制件的权利。

## 二、著作权法的立法体系和基础架构

著作权法的立法目的是通过保护著作权人的合法权益，实现全社会文化、科技进步与发展的公益目标。保护作者的财产权和人格权是著作权立法的基础，促进社会文化和科学技术的发展是著作权立法的根本任务，而平衡创作主体、传播主体和使用主体之间的关系，平衡个人利益与公共利益之间的关系，是著作权立法结构设计的基础[76]。对著作权的保护既不应不足，又不应过度。保护不足会阻碍创作者的创造力，而保护过度又会限制公众对知识产权成果的使用。因此，如何平衡各种主体，合理分配各方利益，是构建著作权法架构和体系需要考虑的根本问题。

法律体系是指在一定的法律分类范围内形成的相关规范性法律文件体系。立法的基础架构一般分为内部的立法体系和外部的立法框架两个部分。内部的立法体系针对的是法律的组织设置，以及法条之间的逻辑关系和部署，外部的立法框架是指法律的外部表征，比如特别法与一般法、基本法与单行法之间的关系和表现形式。根据法律体系和立法框架的不同，可以将著作权立法方式分为著作权单行立法、知识产权法典化和知识产权专门法典三种形式[77]。

### 1. 单行立法

虽然各国国情不同，但世界上大多数国家都采用单行立法的方式来建立自己的著作权保护制度。虽然都采用单行立法的方式，但是法系不同，差异也很明显。一般来说，在英美法系国家，通常会颁布单独的著作权立法，著作权单行法律的立法体系较为松散，逻辑性较弱，每个国家的具体做法也都有自己的特点。然而，大陆法系国家普遍将著作权法视为民事基本法下的民事特别法颁布。作为民事特别法，大陆法系的著作权法风格严谨，体例严密，内容安排组织性强，大多遵循“总则—正文—附则”的文本形式。著作权法总则对立法目的、专用术语、适用范围等一般性内容作出概括说明，正文的具体内容设置一般由著作权人享有的不同权利、侵权纠纷的解决方式以及特殊规定等内容组成。由于知识产权法的变化性很强，著作权单行立法的最大优势是只需要根据具体情况对单行立法进行修改和增减，在立法技术上是非常方便的。

### 2. 知识产权法典化

知识产权法典化指的是，有些国家将著作权立法纳入民法基本法中，在基本民法典中对知识产权保护的内容进行规定，将知识产权保护提升到民法典的高度，例如1942年的《意大利民法典》。从理论上讲，知识产权属于一种特殊的无形产权，应当纳入民法典无体物的规定中。在21世纪兴起的第二次民法典编纂运动中，许多大陆法系国家试图将知识产权纳入民法典中，意大利是将知识产权法典化的先驱者。意大利将知识产权法典化的背景是，它对自身的国家竞争力做了冷静分析，认为自身在经济上的竞争力并不强，但是在文化、品牌等知识产权软实力上拥有着得天独厚的优势。因此，意大利开始进行知识产权体系改革，并将知识产权保护提升至基本法的水平。这有利于意大利的文化产业的创新，有利于知识产权成果的保护，激发创作热情，推动经济发展。从内容上看，1942年的《意大利民法典》规定了著作权、专利权、商标权等内容，保留了专门法内容，同时,从各种知识产权中抽象出了具有普适性的规则和一些重要的制度规定，将其写入基本民法典[78]。意大利的大胆尝试是值得肯定的，它提升了知识产权保护的层次，明确了知识产权的民事权利地位，彰显了知识产权保护的重要性。并且，对于知识产权单行立法不好规定的共性问题和原则，可以在民法典中加以规定。然而，1942年《意大利民法典》也同样还存在着一些问题。讨论比较多的问题之一是，虽然《意大利民法典》规定了包括著作权、专利权和商标权在内的知识产权的内容，但是其规定过于抽象和笼统，可操作性不强。并且，除了1942年《意大利民法典》的规定之外，各知识产权专门法仍然存在并发挥着作用。另一个问题是，现代知识产权保护体系是一个非常复杂且庞大的体系，内容复杂、门类众多。而1942年的《意大利民法典》仅规定了著作权、专利权、商标权等几种知识产权类型，并且碍于篇幅限制，制度内容也仅有两章。这种做法割裂了整个知识产权制度的设置，不够合理。法典的颁布需要长时间的积累与沉淀，将知识产权法典化也必然是一个长期的、艰苦的过程，绝不可能一蹴而就。

### 3. 知识产权专门法典

专门法典指的是将著作权相关的专门法律法规编纂成一部专门的知识产权法典。设置专门的知识产权法典的国家认为，知识产权不属于传统的民事权利，由于未来的不确定性较大，不适宜纳入相对稳定的民法典，其中比较典型的国家是法国。1992年7月1日，法国将当时分散的23个与知识产权有关的立法进行了整合和汇编，颁布了一部统一的《知识产权法典》，与基本民法典并行，开创了世界知识产权法典化的先河，并提供了一种新的知识产权立法模式。法国1992年颁布的《知识产权法典》对作者的权利规定得比较全面，不仅包涵了作者应享有的复制、表演、翻译、改编、改动和整理作品等经济权利，还包涵了作者应享有的发表、署名、修改等精神权利，并且对不同主体进行分类规定，例如规定软件作品享有发行权和出租权，表演者享有多种邻接权。除此之外，还详细规定了录音录像者、视听传播企业、远程播放者和数据库制作者应享有的权利[79]。值得注意的是，法国1992年《知识产权法典》注重对著作权的刑法保护，对侵犯著作权和著作权邻接权的犯罪与刑罚分别作出了详细的规定。法国这种规定方式有利于根据不同的权利、特点和侵权方式做出相应的特殊规定。知识产权法典化有利于避免单行立法中的重复规定和交叉冲突，具有良好的系统性；有利于解决知识产权体系内部子部门法之间的矛盾，解决一般性规定和特别规范之间的矛盾；有利于平衡知识产权立法的多变性和民法典的稳定性[80]。然而，尽管法国1992年《知识产权法典》对现存的23个与知识产权有关的单行立法进行了汇编，但实际上只是松散地组织在一起，从形式上形成了统一的法典，在内部结构上却不具有严密的逻辑性和关联性。从整体上来看，这些知识产权部门法仍然保持着相互独立的体例，缺乏凌驾于知识产权内部各部门法之上的具有共性的一般性规定。

### 4. 我国《著作权法》的立法结构

从上述内容可以看出，目前世界各国的知识产权立法以单行立法为主，也存在知识产权法典化和专门法典的大胆尝试。具体到我国，因为编纂法典需要长期的历史积累和极高的法律素养，而知识产权在中国的研究时间不长，仍然是一个新的领域，并且许多规定和做法都是效仿别国，缺乏自主研究成果。因此，我国还是选择了单行立法的方式对知识产权各部门法进行立法，《著作权法》就是其中的重要组成部分。从法条条文的安排来看，我国现行的《著作权法》共六章六十七条，除第一章总则和最后一章附则外，主体内容大致是根据各种权利保护对象来设定的。

第一章　总则，共八条，明确了《著作权法》的立法宗旨和适用范围，对受本法保护的作品含义进行了解释和说明，并对著作权行政管理机构和集体管理组织做出了规定。

第二章　著作权，共四节十七条，明确了著作人的范畴及其受保护的的人身权和财产权。对著作权的归属和保护期限以及例外与限制也做出了说明，其中包括合理使用制度的详细规定。

第三章　著作权许可使用和转让合同，共六条，对著作权许可使用和转让合同的内容、转让、出质、限制、报酬和出版者、表演者、录音录像制作者、广播电台、电视台等依照本法有关规定使用他人作的限制做出了详细解释。

第四章　与著作权有关的权利共十七条，对图书出版者、表演者、录音录像制作者和广播电台、电视台等邻接权人的权利和义务进行了规定。

第五章　著作权和与著作权有关的权利的保护共十三条，详细规定了著作权侵权行为的认定、证据、责任、赔偿、救济等情况。

第六章　附则，共六条，对《著作权法》中的一些概念、期限做出了说明，附则第一条就对著作权（即版权）的概念做出了解释，认定了在我国《著作权法》中著作权与版权的概念并没有区别。

从立法渊源上来看，我国现行《著作权法》吸收了日本立法体系中的著作权概念。但是，从整个法律的角度来看，中国的著作权立法没有完全遵循日本的经验，而是在此基础上结合大陆法系、英美法系和日本著作权立法的精髓，并根据中国的实际情况和国际趋势而制定的。中国的《著作权法》充分体现了对劳动人民精神创作的保护，对著作权人的人身权和财产权作了全面的规定与保护，对著作权人的出版、表演、展览、翻译、改编、发行等十多项基本财产权利都有详细的规定，但在租赁权、影印权、家庭录音权等方面与发达国家还存在差距，我国的《著作权法》尚未作出相关规定。

我国现行《著作权法》仅有六十七条，篇幅不长，也不够完善，因此，必须借助其他形式的规范性法律文件来补全著作权保护工作。目前，我国现行著作权法律保护体系已形成了由多层级的法律文件所组成的有机整体。它以《中华人民共和国著作权法》（2020 年 11 月 11 日修订）为核心，包括《中华人民共和国著作权法实施条例》（2013 年 1 月 30 日修订）、《计算机软件保护条例》（2013 年 1 月 30 日修订）、《信息网络传播权保护条例》（2013 年 1 月 30 日修订）等相关规定，还包括《最高人民法院关于审理著作权民事纠纷案件适用法律若干问题的解释》（2002 年 10 月 12 日公布）等在内的司法解释。然而，目前我国著作权保护法律体系中所涉及的规范性法律文件非常庞杂，各法律文件的法律效力层级也不尽相同，因此，整个著作权保护体系缺乏组织性、整体性和系统性。

## 三、网络环境下著作权法面临的挑战

自从网络技术进入了著作权领域，就不断引发版权纠纷，比如侵害网络出版者的出版权、复制权以及传播权等问题。网络出版是信息技术与传统出版业相结合的产业，现有的著作权法保护体系中关于它的适用情形很少。《伯尔尼公约》规定，无论采用何种复制的方式，只要该作品已经得到作者同意并且能够满足公众的合理需求，就视为已经出版。这样一来，网络出版也可以被视为复制方式的一种，《伯尔尼公约》体系下的出版物可以沿用至网络出版环境中。根据2017年数字出版产业的年度报告，我国数字出版产业的规模已经达到了 7000 亿元[81]。但是我国现行的《著作权法》对“数字出版”这个概念没有明确定义，对“出版”的概念在一开始也并未加以规定，在2001年和2010年修订时，才对“出版”的概念做出了解释：著作权法的“出版”指的是对作品的复制、发行，但是此处的复制和发行并不包括网络出版物[82]。随后，在2016年颁布的《网络出版服务管理规定》中，“网络出版”的概念首次得到了明确：利用信息网络向大众提供网络出版物即为网络出版。在《著作权法》(2020年修正）第十条中，复制权增加了“数字化”的方式，而发行权强调的是作品有形载体所有权的转移。但是，目前的法律并没有对网络出版者的著作权作出详细的规定，网络出版的问题在立法和实践中仍处于混乱的状态，对于网络出版的法律性质、法律地位等问题尚未明晰，网络出版者的基础权利的性质、内容等也并未得到明确。网络著作权的合理使用、法定许可、侵权界定、举证责任等问题都亟待得到解决。目前，在网络出版的实践中，司法裁判者常采用《民法》《民事诉讼法》《著作权法》《著作权法实施条例》《信息网络传播权保护条例》，以及《最高人民法院关于审理侵害信息网络传播权民事纠纷案件适用法律若干问题的规定》等法律法规，这些与网络出版相关的法律法规较为分散，并且在网络出版侵权的管辖、规则、责任分配和赔偿等问题上模糊不清，使得司法者在实践中难以适用[83]。在互联网时代，著作权法应当更好地寻求对网络出版行为的保护，寻求对网络出版著作权人的保护。

CNNIC 发布的第 45 次《中国互联网络发展状况统计报告》显示，截止到 2020 年 3 月，我国网民规模为 9.04 亿，互联网普及率达到 64.5%。根据 Alpha 案例库数据显示，截止到 2019 年 10 月 28 日，著作权权属、侵权纠纷案件数量在逐年上升，且单项案由最多的是"侵害作品信息网络传播权纠纷"。互联网高度发达的网络环境给全球网民带来了前所未有的便利，但也给网络犯罪、网络侵权带来更多可乘之机。各种形式的网络盗版层出不穷，给著作权保护带来巨大挑战。

第一，在网络环境下，信息共享催生了各种新形式的网络侵权。互联网技术的变革直接催生了多元的网络经营模式，出现了新型的创作成果，例如短视频、表情包和 AI 合成内容等，并产生了新的行为方式，如网盘搜索、云存储和在线教育，还出现了新的商业模式，如视频直播、体育赛事直播、共享会员以及直播带货等。这些新模式、新方式都引发了关于著作权的争议，这些也都对著作权立法、司法实践提出了更多的要求和挑战。一方面，新的作品形式正在逐渐突破原先著作权保护的严密界限，拓展著作权保护主体和客体的范围；另一方面，网络共享环境下的作品，以其数字化、智能化的特点，颠覆了传统的作品传播效率，对于著作权制度中规定的较长保护期限造成了巨大的冲击。这些新的作品形式及新的标准和要求，都导致了与之相对的花样频出的网络侵权方式的出现。

第二，网络环境下，著作权侵权容易维权难，保护实施难度大。在当前的网络环境下，著作权保护很难实现。一方面，互联网平台上著作权侵权事件发生频率不断提高。这是因为信息在网络平台上共享不受时间、空间限制，并且内容庞杂，传播渠道丰富，传播速度极快。此外，侵权行为可发生在网络信息共享的任一环节，且形式多变，侵权行为发生后取证难、定性难，既难以预防，也很难发现，更难以定罪，具有较强的隐秘性、多样性和不确定性。例如，各种视频导航网站如雨后春笋般涌现，它们通过技术手段分享盗版歌曲和视频。"哔哩哔哩""抖音"和"快手"这些平台用户使用未经授权的素材剪辑小视频等侵权现象屡见不鲜，很难遏制。另一方面，著作权维权周期长、赔偿举证难、维权成本高。我国常见的著作权纠纷解决办法为调解、仲裁和诉讼，无论采用哪种途径，都要求著作权人具备相关的法律知识储备，并有时间、金钱和精力来完成纠纷解决的过程。更糟糕的是，著作权人维权获得的赔偿往往远低于维权的成本。根据指导性案例，关于著作权侵权赔偿数额的确定，首先应当按照权利人的实际损失给予赔偿；其次在实际损失难以计算的情况下，也可以按照侵权人的违法所得给予赔偿；最后当权利人的实际损失或者侵权人的违法所得均不能确定时，才可适用于法定赔偿，即由人民法院根据作品类型、合理使用费、侵权行为性质、后果等情节，综合确定给予500万元以下的赔偿。在司法实践中，由于举证难，90%以上的知识产权侵权案都适用于法定赔偿。但根据我国现行著作权法规定，法定赔偿额的上限为500万元。高额的维权成本和低额的赔偿让不少作者望而却步，也让很多著作权人选择置之不理或睁只眼闭只眼，给了网络侵权更多可乘之机。综上所述，网络侵权的这些特点使得著作权侵权容易，维权难，保护实施难度大，效率低。

第三，当前著作权法无法应对日新月异的网络环境。我国现行的《著作权法》于1990年9月7日发布，经历了2001年、2010年、2020年三次修正，期间国家也出台了《中华人民共和国著作权法实施条例》《信息网络传播权保护条例》《关于规范网络转载版权秩序的通知》等法律法规，在对保护著作权和鼓励创作上起到了重要作用。传统的著作权法针对传统的出版、影像、娱乐行业等已经卓有成效。但是在互联网高速发展的今天，搜索引擎、网络媒体、网络游戏、自媒体泛滥，现有的《著作权法》在面对越来越多的来自互联网的挑战时却显得捉襟见肘，很多局限性和问题难以适应当下纷繁复杂的网络环境。首先，著作权法保护的主体在不断变化，文字、图片、音乐、视频、游戏以及动漫，成为网络侵权的重灾区。一些网络服务商的商业模式没有现成的法律依据，也成为著作权立法、司法解释的重点和难点，《著作权法》对于作品的定义，对于“合理使用”的判定标准都有待进一步明确。例如，近几年盛行的网络游戏，就很难判定是以计算机软件进行保护还是作为电影作品或类电影作品进行保护。新兴的网络直播、短视频、体育赛事直播的著作权保护漏洞也不胜枚举。

第四，当前著作权保护技术滞后于网络信息共享技术发展。当前著作权保护技术也随着著作权法的更新和科技进步不断地迭代。但是版权保护技术一方面要尽可能通过技术手段保障著作权人的权益；另一方面，在充分保护著作权的同时还要兼顾网络信息共享的经济效率。网络审查在技术上很难实现且会降低共享效率，影响网络信息传输的便利性，造成网络信息传播障碍。对著作权的保护不可能以牺牲技术创新为代价，这就造成版权保护技术必然滞后于网络信息分享技术。此外，面对网络侵权方式多样、内容隐蔽、难以取证等挑战，现有的著作权侵权案件发生后立案侦查、现场取证、走访摸排等打击手段稍显落后。网络科技飞速发展，特别是人工智能、大数据和区块链等新技术对著作权保护提出了新的挑战。例如 5G 技术的三大应用场景对传播速度的影响；人工智能创作对作品著作权新的界定及侵权界定；大数据的迅猛发展与随之而来的更大的侵权风险。这些隐藏的版权问题让本来就稍显滞后的版权保护技术雪上加霜。

第五，相关主体版权意识淡薄，著作权法实施环境差。根据 2017 年《〈中华人民共和国著作权法〉实施情况的报告》显示，我国著作权保护状况逐步改善，但还是存在部分权利人对作品的自我保护意识欠缺、维权积极性不高，甚至存在“盗版越多，人气越高”的错误认识。此外，除了权利人著作权保护意识薄弱外，在网络环境下，很多网民也对著作权侵权了解甚少。内容丰富、形式多样的网络信息分享，让一些人完全在无意识的情况下实施了网络侵权。例如很多用户并不知道网络上的图片、素材不能随意使用。公众对于著作权认知度偏低，无法有效震慑和制裁侵权行为，不利于著作权实施及维护合法有序的著作权环境。

# 第三章　网络信息共享与著作权保护之间的冲突

我国《著作权法》将信息共享，维护公共利益作为根本目标。《著作权法》第一条明文规定“为保护文学、艺术和科学作品作者的著作权，以及与著作权有关的权益，鼓励有益于社会主义精神文明、物质文明建设的作品的创作和传播，促进社会主义文化和科学事业的发展与繁荣，根据宪法制定本法”。为实现维护公共利益目标，著作权法需要平衡各种对立的利益关系。在这些对立的利益关系中，版权保护与信息共享的对立是最根本的对立。信息共享保护公民信息自由的权利，它代表公共利益，而著作权是保护著作权人的人身权和财产权，则代表私人利益，两者分别维护公共利益和私人利益，是相互依存又相互制约的关系。然而，在当今互联网技术高度发展的情况下，信息分享和著作权保护之间的利益关系变得更加复杂，不再单纯是作品作者、传播者和使用者之间的关系。网络技术的每一次革新，都会因为利益关系的变化而打破原有的利益平衡，引发新的矛盾和衍生的著作权保护问题。因此，在当前的网络环境下，著作权保护面临来自自身特性、法律、技术、群众基础、利益冲突等多方面的内部和外部挑战，实施难度大。

网络信息共享具有合理性。共享性是信息的基本诉求，信息本身的价值只有通过对外传播才能体现。信息对外传播共享，引发更多人针对信息的思考和交流，从而激发创作灵感，最终促成新的作品出现，这一传播流程才能传递信息的社会价值。另外，信息的经济价值也要通过传播来体现。在作品未被传播、未被公众认可之前无法实现其经济价值。一个人并不能因为思想而获得经济收益，只有通过传播及共享，让更多人对作品的认可才能赋予作品更高的经济价值。网络信息更需要无拘束的传播、分享与交流，提升传播效率本身就是网络技术发展的目的。网络信息以数据为载体，以网络为媒介，不受时间、空间的约束，可以实现高速、便捷和多元化的交流方式，比传统的信息传播更好地体现了作品的社会价值和经济价值。因此，网络环境下的信息分享是信息的基本诉求，通过分享能够实现作品的最大价值，有很强的必要性和合理性。信息共享是公民信息自由的权利体现，应予以保护。网络环境下的信息共享涉及信息获取自由、信息交流自由，基于合法目的获取合法信息是宪法赋予每位公民的一项基本权利，具有较大的法学价值，全社会应当积极创造条件予以优先性保护。公民可依据相关法律法规获取信息，对合法取得的信息进行修改、传播、保存和使用，但在此过程中不得损害其他公民的合法权利以及社会公共利益。网络信息共享有利于推动社会进步。信息是一种重要的资源，承载了事物的属性，能够创造价值为人所用。信息本身具有流动性和开放性，只有在不断交流与传播中才能创造出更大的价值。网络信息技术的高速发展使信息共享进入了新的时代，它丰富了信息传播和交流途径，克服了时间与空间的限制，实现了信息共享的即时性和广泛性，极大满足了人们日益增长的信息获取的需求。此外，它也让文化、艺术等作品能够在网络环境下快速、广泛地传播，为更多的人提供源源不断的创作灵感与资源，促进文化艺术发展与社会进步。由此可见，基于信息的本质属性，从维护公民的基本权利和促进社会文明进步的角度出发，都应当肯定网络信息共享的合理性，依法保护网络环境下合法合规的信息共享行为。

著作权保护同样具有合理性。网络著作权保护具有深远的社会意义。著作权具有财产权和人身权的双重属性，是知识产权的重要组成部分，理应受到法律的认可和保护。著作权的私权性质不仅得到了各国国内法律的认可，也得到了相关国际条约的认可，在《TRIPs 协定》中明确将著作权作为一种私权来保护。进入 21 世纪，随着网络科技的迅猛发展，网络著作权这一新型权利也应运而生。网络著作权是指著作权人对受著作权法保护的作品在网络环境下所享有的著作权权利[84]。其主体是作者和网络管理者，客体是以数字信号为形式，以网络为载体进行传播的创作性作品。网络作品与传统的以纸张为载体的作品不同，它存在于网络中，同时也具有独创性、可复制性等特点。我国现行的《著作权法》也强调了在网络环境下，要对网络作品进行充分保护，在著作权法保护范围外的网络作品，具有独创性并能复制的智力创作结果也应受到法律保护。网络技术的发展让信息传播突破了时空限制，为信息复制和再创造提供了有利土壤。然而，网络技术也为权利人的权益保护带来了巨大的挑战。网络侵权变得轻而易举，不仅侵犯了权利人的经济利益和人格权利，而且还打击了权利人进行智力创造的积极性，从而影响社会创新。因此，网络环境下更应当加强对著作权的保护，保护网络作者的应得权益，维护著作权人的经济利益和人格尊严，激发人们进行文化、艺术和科技创作的积极性，营造良好的版权保护大环境，发挥著作权制度在推动社会进步方面的积极作用。

在网络环境下，有必要实现信息共享和著作权保护的利益平衡。利益平衡是指通过法律来协调各方面的利益冲突，使各方利益在共存和相容的基础上达到合理的优化状态。利益平衡是公认的著作权法的基本原则之一。利益平衡的理念体现在立法的制度设计之中，例如“合理使用”制度以及法定许可制度都是利益平衡原则下的产物。美国社会法学家庞德将法律秩序所应保护的利益分为三类：个人利益、公共利益和社会利益[85]。在著作权保护和信息共享中，著作权为了维护个人利益，而信息共享主要是维护公共利益，两者的最终目的都是为了更好地维护社会利益。两者既存在利益冲突，但又可以通过制度设计来达到平衡。因此，网络环境下信息共享和著作权保护利益平衡的合理性毋庸置疑。一方面，信息共享和著作权保护是对立统一的关系。从法理学来说，任何两种权利都是对立统一的关系，两种权利必然存在一定的冲突，此消彼长，但又互促互进。信息共享和著作权保护也是对立统一的。两者对立面体现在利益出发点的不同：著作权保护权利人的私权，具备财产属性和精神属性。而信息共享维护的是公民获取信息的基本权利，是一种公权。著作权保护私人利益会在一定程度上提升信息共享的要求和标准，为信息共享制造了障碍，必然会带来对信息共享的限制。而信息共享的宗旨是满足公共利益，最大限度地进行信息的传播与共享，也必然会侵害著作权人的私人利益。另一方面，信息共享和著作权保护又是相互联系的，具有统一性。其一，两者在目标上是一致的，实现社会价值，促进社会进步是两者共同的目标。其二，著作权保护也要建立在信息共享的基础上，没有信息共享，著作权保护就无从谈起；信息共享也要通过著作权保护来加以限制，没有约束的信息共享必然会导致侵权泛滥，严重影响作品创作的积极性和效率。信息共享和著作权保护的利益平衡符合公平与效益的社会目标。信息共享体现了公众公平享有信息获取及交流的权利；著作权保护是对于私权的尊重，也体现了法律的公平正义。但是过度的信息共享会侵害著作权人的私有权益，会打击作者的创作积极性，久而久之，会导致原创作品资源枯竭，影响社会文明进步。同样的，过分强调著作权保护会影响信息在网络上的传播、交流、共享效率，造成信息垄断、信息闭塞等问题，同样不利于作者交流创作，从而减缓社会进步的步伐。因此，必须在公平与效率的双重目标引导下，最大限度地维持公共利益与私人利益的平衡，才能促进两者的利益平衡和良性互动，从而达成实现社会整体利益的目标。

## 一、网络信息共享与著作权保护冲突的表现

数字图书馆通过文字、图像和声音等数字化信息的网络传输来实现信息资源的共享。随着网络技术的高速发展，信息资源共享的方式更加丰富，互动性更强，传播更加高效便捷。但这种新兴的传播途径给著作权保护带来前所未有的挑战，形式多样的网络侵权也如雨后春笋般出现。著作权保护和数字图书馆信息分享的利益冲突日渐凸显，主要表现在以下几个方面：

第一，网络信息共享的“公权性”与著作权的“专有性”之间的冲突。图书馆信息共享与著作权保护之间的冲突，实质上是著作权人对作品的财产专有权与社会公众的合理使用权之间的矛盾。信息在传播过程中的无损耗性和易复制性，使得人们在对信息资源的竞争中，一方面要利用一切手段获得信息资源，另一方面又要利用一切手段控制信息资源，这就造成了著作权人个体利益和信息共享的公众利益之间的矛盾。而这个矛盾的不可调和之处在于，信息共享贫乏或个体权益过度保护都会增加社会成本；反之，肆意的信息共享或信息主体的权益缺乏保护则会导致信息生产的乏力。数字图书馆的信息共享的目的是让公众更加方便、快捷地使用图书馆获取想要的信息资源，提升图书馆服务效率，维护的是公众利益，具有很强的公权性。相反，著作权包含人身权（如署名权、发表权）和财产权（如复制权、发行权、改编权），是一项专有权利。这种权利未经著作权人许可不得享有，具有排他性。《TRIPs 协定》明确指出了包括著作权在内的知识产权是私权，著作权的私权性在国际范围内得到认可。由此可以判断，二者的直接目的截然不同：一个力求尽可能地实现全方位高效率信息共享，一个不断通过法律、技术手段规避侵权传播或共享。

随着社会进步，人们对于信息的需求更加旺盛，信息传播更新速度也非常快，互联网是分享经济的领军者，为信息资源共享提供了完美的平台

和渠道，将信息共享的公共属性展示得淋漓尽致，但是也加深了著作权对于私权保护与信息共享之间的矛盾。为适应时代需求，让渡部分著作权来促进更好的交流和更大的进步，这也是合理使用“避风港原则”产生的必然结果。轰动一时的韩寒等作家起诉百度文库的事件让更多人开始意识到信息共享和著作权保护之间的矛盾。在《为了食油，声讨百度》中，韩寒也对百度宣称的互联网免费和共享的精神嗤之以鼻。这种冲突，会让网络成为著作权侵权的重灾区，如不能很好平衡两者之间的利益，必然会导致信息共享及著作权保护的两败俱伤。

第二，网络信息共享的“公益性”与著作权的“高利润性”之间的冲突。信息资源共享具有明显的公益性和低成本性，无论是图书馆提供信息服务，还是个体用户获取信息，都希望以最低的成本或是零成本达成信息获取或共享的目标。我国《信息网络传播权保护条例》第七条规定：图书馆“可以不经著作权人许可，通过信息网络向本馆馆舍内服务对象提供本馆收藏的合法出版的数字作品和依法为陈列或者保存版本的需要以数字化形式复制的作品，不向其支付报酬，但不得直接或者间接获得经济利益”。但是著作权人的立场却截然相反，根据《信息网络传播权保护条例》第二条的规定：“除法律、行政法规另有规定的外，任何组织或者个人将他人的作品、表演、录音录像制品通过信息网络向公众提供，应当取得权利人许可，并支付报酬。”作品凝结了作者的智力创作成果，他们更期望通过先授权后传播的方式获取更高的经济回报，他们追求的是高利润甚至“垄断利润”。这显然与图书馆追求的低成本运营背道而驰，使得数字图书馆信息资源的“公益性”与著作权的“高利润性”之间的矛盾非常突出。过分强调公益性，可能会导致数字资源被非法复制、随意修改、无限制传播，从而严重损害作者的经济利益；而过分强调“高利润性”，会增加数字图书馆及个人信息获取的成本，违背促进传播、维护社会公共利益及信息公平的信息网络传播宗旨。谷歌公司在 2004 年开始进行数字图书馆建设工作，与各大图书馆合作并以数字化形式上传至谷歌公司服务器，供公众阅览及下载。自 2005 年以后谷歌公司就先后被多个著作权人和作家协会诉上法庭，最后美国联邦最高法院不予受理并结案。但是，其后国内的王莘在起诉谷歌数字图书馆侵权案中胜诉。可见，“合理使用”原则在各个国家的设置不同，也并不一定能适用，这个问题也一直困扰一些公益图书馆，成为其实现信息资源公益性共享的绊脚石。

第三，网络信息共享的“高效性”和著作权保护“期限性”之间的冲突。著作权的保护期限是指受法律保护的有效时间。我国对著作人身权是永久保护的，对著作财产权的保护是有限制的，根据著作权主体和作品性质的不同规定了不同的保护期限。如今的互联网+时代，唯快不破，信息分享技术日新月异，人们对于信息的获取、分享、复制都可以在一瞬间发生。网络时代下，信息分享的“高效性”对著作权保护的时限提出了新的要求，原先的过长的著作权保护期限是否适应当下的共享效率需要重新考量。保护期限延长，会降低共享效率，损害公共权益，也会让部分仍在时限内的作品埋藏在浩如烟海的新作品中，不利于社会文明进步；保护期限过分缩短，会促进分享，但同时会损害作者的财产权益和精神权益，影响创作积极性。例如，电影、电视、录像作品的发表权、使用权和获得报酬权，以及摄影作品著作权的保护期为 50 年。如果“哔哩哔哩”网站的 UP 主上传的短视频都遵循此保护期限，那么短视频平台上的侵权便会随时发生，如果强制约束，便会束缚作者的创造力，严重影响作品的数量及质量。因此，信息共享的高效性、时效性与著作权保护的期限存在一些矛盾，如何在保证高效信息共享的同时，制定合理保护时限是解决矛盾的关键。

第四，网络信息共享时“合理使用”与著作权“授权使用”之间的冲突。“合理使用”制度是指法律通过授权在满足一定条件下，不需要经过著作权人同意，也不需要向其支付报酬而对作品进行免费使用。这本身与著作权规定的经过授权许可方可使用作品的原则不符，也违背了著作权通过付费授权方式保护经济权益的目的，两者存在明显的矛盾。

“合理使用”作品不构成侵权，目的是满足公共权益。我国《著作权法》规定了十二种合理使用的情况。但是合理使用制度在实践中也引发了很多问题。一方面，“合理使用”的判定标准很难统一，我国著作权法的“合理使用”制度采用封闭式的列举立法模式，但在具体实践中，特别是在网络环境下，网络技术更迭逐渐突破“合理使用”边界，造成法院裁定困境；另一方面，社会对于“合理使用”存在很多认知上的误区。很多人认为，简单注明版权或发表免责声明就是“合理使用”，或者认为自己使用时非营利性就属于“合理使用”。著名的《一个馒头引发的血案》视频，是视频制作者胡戈“合理使用”的改编行为，还是侵犯电影《无极》的著作权，一时之间众说纷纭。因此，进一步明确“合理使用”的判定标准是平衡矛盾的关键。

第五，网络信息共享“发散性”和著作权许可“双向性”之间的冲突。作为科学技术高度发展的产物，网络信息共享具有交互性、高效性、开放性、便捷性的特点，受众不仅是信息产品的消费者，也是信息的发布者。信息的传播突破时间、空间限制，从一个人传播到一群人，从一群人传播到全网络，一篇网络文章可能在一夜之间红遍全球。这种“发散性”的传播有利于知识共享，但给著作权保护带来更大的挑战。

目前，我国《著作权法》明确规定使用他人作品应当同著作权人签订授权许可合同，著作权人在该合同条款中没有明确转让、许可的权利，未征得著作权人的同意，不得擅自使用其著作权，否则就会构成侵权行为。著作权许可方式一般是双向性的，需要双方的合意，但是网络环境下很难找到全部的作品使用者或者发现侵权使用者。若想与每位使用者达成共识、签订授权许可，无形中增加了双方的交易成本，且技术上很难实现。例如，像抖音这样的自媒体平台，每个人都可以发布自己拍摄的视频或者复制、表演和传播他人的视频作品，侵权可以发生在任何一个传播者的复制、转发环节。由此可见，网络分享的发散性会让著作权双向性的授权许可方式在复杂的网络环境下显得力不从心，对著作权授权许可方式提出了新的内容和技术要求。

## 二、网络信息共享与著作权保护冲突的原因

### 1. 技术更新是冲突产生的直接原因

进入互联网信息化时代，技术变革掀起无数次创新的浪潮。随着技术浪潮不断更新发展，智能手机、平板电脑的普及，人们的阅读、写作和传播交流方式发生了翻天覆地的变化。人们能更加方便快捷地分享信息，作品的创作和传播变得日常化，文化作品的生产效率被大大提升了。然而，信息资源总是相对稀缺的，人们对信息资源的竞争永远不会停止。网络信息技术一直致力于更高效、便捷的信息分享，而著作权保护技术主要是防范信息肆意分享，信息技术发展是导致这种矛盾出现的直接原因。

#### (1)技术发展导致著作权主体复杂化

根据我国《著作权法》规定，著作权主体包括作者和其他依法享有著作权的公民、法人或者其他组织。在网络环境下，作品是以数字信息的形式出现的，作品的创作日益平民化和日常化，著作权作者的身份变得复杂、难以确认。

一方面，作者可能是公民、公司法人，也可能是大众集体作者。网络传播降低了创作交流以及合作的成本，为众多个人使用者协作创作提供了机会。基于自我表达、娱乐性动机而产生的作品比比皆是。

另一方面，很难在网络上甄别真正的作者。通过作品上的署名来确定作者的方式不再适用于网络作品。因为网络作品分享的无损耗性和易复制

性使得作品在传播过程中可能被修改，原作者署名也可能被替换或删除，无法在无数流通的不同版本作品中找到真正的作者。因此，网络作品著作权人的确定要比传统领域的作品复杂得多。

（2）技术发展导致著作权客体的多元化

著作权的客体一般是指受保护的作品，根据《著作权法实施条例》，作品是指“文学、艺术和科学领域内具有独创性并能以某种有形形式可复制的智力创作成果”。随着科学技术不断发展，著作权作品形式也在不断丰富。在印刷术时代，作品主要有书籍、绘画等传统方式。在电子技术时期，作品的范围扩大到摄影作品、电影作品、广播电视节目和音像制品等。然而，在如今的网络时代，作品的外沿又延伸到计算机软件、多媒体作品、网络作品等。随着网络技术进入 5G 时代，可能人工智能、区块链技术等新的作品形式也会被纳入著作权保护的范畴。相较于传统的有形作品而言，网络作品以各种数字化形式出现，是否属于法定保护范畴就变得不那么容易判定了。客体的多元化也导致了著作权保护的复杂性。

（3）技术发展不断拓展著作权内容

著作权的权利内容包含人身权和财产权。根据《著作权法》的规定，人身权有发表权、署名权、修改权、保护作品完整权；财产权包括复制权、发行权、出租权、展览权等。

网络环境下信息分享会引发著作权人人身权的变化。在网络上，作品一经上传，就会面临成千上万次复制、转载，也会被其他作者作为可编辑素材进行二次编辑，制作成新的作品。在网络环境下这种不可控的传播必然会侵害到部分作者的发表权、署名权、修改权、保护作品完整权。并且，网络环境下信息分享也会引发著作权人财产权的变化，尤其是对复制权和发行权产生巨大冲击。版权财产权是指版权人自己使用或者授权他人以一定方式使用作品而获取物质利益的权利。网络环境下，网络作品以数字形式出现，能够被快速复制。一件作品能够在短时间内以不同的写入形式复制无数份，传递到世界上任何一个有互联网的角落，而这一切能很容易地在作者未知的情况下顺利发生。此外，网络信息共享对发行权也提出了新的挑战。网络平台上不需要出版商，任何人都可能通过网站上传自己的作品，也可以通过网络平台进行作品交易。这种新的发行方式破坏了首次销售原则，同时网络发行权与复制权有了重合，发行的是复制的作品，复制是发行的方式。所以，网络环境下，信息分享方式会让著作权内容随之发生改变，进而内容的拓展也会直接影响到著作权保护。

(4)著作权保护技术不断突破

当前网络技术发展，让数字内容不断突破了传统的网络生态。网络技术让信息复制和分享达到"触手可及"的程度，并且还在科技发展中不断迭代优化，实现更高效的网络传播共享。这样必然会引发更多的侵权，侵害更多著作权人的利益，造成利益冲突。幸运的是，著作权保护技术也在技术发展的浪潮中奋力前进。著作权保护的关键是技术，传统的版权保护主要是通过信息加密技术、水印加载技术、认证技术等，以阻止不经授权就恶意复制、转载的行为，以达到保护著作权人利益的目的。然而传统的保护技术已经不太适用于当下的网络环境，因此新兴技术如区块链、人工智能技术应运而生。区块链技术被用于海量内容版权的记录，创作者和机构可以通过区块链网络快捷地实现内容记录。AI检索对比功能可以在庞杂的互联网信息中迅速分辨出侵权行为，AI图像处理、音（视）频也能助力维权。著作权保护技术和网络共享技术都是网络技术的一部分，两者在网络平台"斗智斗勇"，在引起新的网络侵权现象的同时，也在不断地互促互助，不断更新突破。

### 2. 利益失衡是冲突产生的根本原因

网络环境下著作权保护存在多方的利益平衡，最根本的是著作权法维护的私人利益和信息共享所维护的公共利益之间的平衡。二者相互依存又相互限制。一些情况下，对于私人利益的追求，有助于公共利益的实现。但是当私人利益和公共利益发生冲突时，大部分学者都认为公共利益应放在首要位置。而网络环境下，大部分侵权纠纷也都是这种公共利益和私人利益失衡的具体表现。著作权立法体系中的“合理使用”制度、首次销售规则、强制许可规则等也都是为了平衡两者之间利益关系的产物。此外，网络环境下，利益相关者增多，要远比传统的利益分配复杂得多，在网络作品的版权利益关系中，需要权衡各方利益。

第一，有必要平衡作品创作者与传播者之间的利益。作品的创作者依法通过作品获取经济效益，作品的传播者应经过法定授权后对作品进行传播。两者都是著作权的核心利益相关者。然而在网络环境中，作品传播方式和传播效率发生翻天覆地的改变，作品传播变得不可控，传播者在未经授权进行作品传播获利的情况也非常普遍，两者利益失衡必然导致网络侵权的泛滥。例如，谷歌、百度作为全球顶级的互联网分享平台，因在平台上分享未经授权的文学作品而屡屡被告，便是一个传播者和创作者之间利益争夺的例证。

第二，平衡作品创作者与消费者利益也同样重要。作者通过创作获取经济收益，作品凝结了作者的智力成果。消费者可以通过付费方式购买他人的智力成果；然而，消费者习惯通过更低的成本享受更多的服务，免费使用作品符合大部分消费者的需求和预期，因此，他们会通过各种途径实现免费使用作品的目标，一旦触碰到法定边界，就会导致侵权的发生。两者的利益冲突是必然的，只有通过更加精细的规则设计才能更好地平衡两者之间利益。

第三，前人和创作者之间的利益平衡也需要引起重视。这是因为作品创作一般不会孤立产生，都是作者在不断学习、研究前人的学习成果，不断积累而重新创造出来的。特别是在网络环境下，网络视频、网络文章在很大程度上会从浩瀚的网络作品中汲取养分。这种学习借鉴或者融会贯通是否涉及权益也值得深思。

第四，需要保持作品创作者和版权商之间的利益平衡。作者对其所创作的作品享有人身权和财产权，创作完成后的一段时间内，著作权人享有相对完整的著作权利。但大多数作者资源有限，为了更好地传播作品，获取经济收益，会将一部分的子权利让渡给版权商。这一情况的出现往往会导致版权商的权利及经济利益要远远大于著作权人自身所获得的经济利益。尽管作者作为作品创造者付出了最多的劳动，理应获得最大的经济收益，但当下版权市场的不完善，使得著作权人与版权商在利益的分配上处于劣势。例如，当前网络热议的阅文集团通过买断版权、独家永久授权等方式增加自身收益，挤压作者的收益，让众多愤怒的作者联合维权就是一个典型案例。此外，合作作品的作者之间的利益也需要分配均衡，网络技术的发展加速了网络用户之间自由地交流，为合作作品的产生提供了有利的创作环境。但是这种新的创作方式也让作品主体变得更加丰富，从而各个作者之间人身权、财产权的分配也变得更加复杂。在没有详细、针对性的规则指导下，利益冲突就凸显出来，这种利益失衡最终将导致争议、矛盾的产生。

因此，网络环境下，著作权保护和信息共享之间的冲突主要源于各个利益主体之间的利益失衡。只有维持各方利益均衡才能维持总体格局的稳定和协调，一旦平衡被打破就需要构建一个新的平衡，否则就会引发更大的矛盾和冲突。

### 3. 法律体系不完善是冲突升级的重要原因

#### (1)相关法律法规不完善

现行立法体系的不完善主要体现在国家颁布的信息资源共享和著作权

保护的相关法律法规非常有限，并且这些法律法规本身具有滞后性和不完善性。特别是在如今的网络环境下，日新月异的互联网技术和层出不穷的信息分享方式让传统的著作权法日渐式微，很多法律条文在细节的精准性和丰富性上还很不完善。

首先，在当前的著作权保护体系中，作品的界定需要进一步明确。除了传统的著作权作品以外，需要厘清当下网络技术发展催生的各类新形式作品，特别是文字作品、摄影作品和短视频、表演作品，哪些能够构成著作权法意义上的作品并受其保护。这需要根据社会公众的需求和法律的精神与界定，在实践中不断探索推进。

其次，在当前的立法体系中，作品的授权方式非常有限。除了“合理使用”和法定许可制度之外，现行的著作权法只涉及了获得许可并支付报酬这一种方式。在实践中，相当一部分作品是依照权利人的意愿，只需获得作者同意，并无须使用方支付报酬便可使用，特别是一些文字、短视频、摄影作品。但是著作权法的条款只强调了获得许可并支付报酬这一种情形，忽略了法定学科、不支付报酬以及无偿许可等其他方式，立法精神体现得不完整。

再次，作品的保护期限也存在着诸多问题。根据我国《著作权法》，公民作品的保护期为作者终身及其死亡后50年；法人组织或者非法人组织的作品，以及电影作品和类似摄制电影方法创作的作品、摄影作品，其保护期为作品首次发表后第50年的12月31日。作品的保护期限不够灵活，也需要根据作品的特征进行适当的调整。

最后，著作权作品登记问题需要纳入重点考虑范围。作品登记有利于作品保护的留底存证，能够为有价值的作品提供更充分的司法保护。在我国现行的著作权立法体系中，除计算机软件作品外，几乎没有涉及作品登记。然而目前的情况是，作品数量繁多，但是登记作品却占比很小，一些有影响、有分量的优质版权作品，大多没有进入登记的范畴。作品登记制度的不健全也加剧了著作权保护难度。将作品登记列入重点，有利于进一步完善著作权法，更好地发挥著作权保护的作用。

除了上述问题之外，我国的著作权法在很多细节方面还有待完善，再加之国内的版权保护意识普遍较为薄弱，没有与之配套的司法和执法技术等问题，这些都加速了资源共享和著作权保护的矛盾升级。

(2)相关法律法规存在滞后性

网络环境下，著作权保护主要的法律依据就是《著作权法》《信息网络传播权保护条例》《最高人民法院关于审理著作权民事纠纷案件适用法律若干问题的解释》等法律和司法解释。由于法律本身是为解决争议而产生的，具有天然的滞后性，永远无法跟上网络技术发展的步伐，因此，无论是著作权保护还是信息共享的立法,都远远滞后于技术进步和部分问题的出现，远没有达到促进作品创作、维护公共利益的目标，存在严重的滞后性。例如，著作权网络侵权管辖权的界定就存在着分歧，如何进一步明确侵权责任、举证责任与赔偿责任，都是亟须探讨的问题。我国对信息网络传播权的界定过于狭窄，也是造成信息资源共享主体矛盾的重要原因，从而进一步导致网络环境下的著作权保护与信息共享之间的冲突加剧。

(3)相关法律法规的灵活性不够

著作权授予作者在作品上的有限垄断权，有限垄断权中的“有限”制度设计，体现为著作权时间上的限制、“合理使用”制度和法定许可制度。

为了更好地平衡著作权保护和信息共享，我国《著作权法》在第二十四条通过列举的方式规定了“合理使用”的十二种情形，在这些情形下使用人无须经过著作权人的授权和许可就可以无偿使用作品，这很大程度上保障了信息的共享。“合理使用”制度是著作权法中重要的利益协调制度，其很大程度上实现了维护公共利益、促进创作的著作权法的目标。但是我国的“合理使用”制度并没有很好地适用于当前的网络环境，尚未针对新的网络环境、网络分享技术作出及时与必要的调整，造成信息共享和著作权保护在一定程度上的利益失衡。例如，在新媒体环境下报道时事新闻的作品形式应当包括图片、音像等多种形式，如果限定为单纯的文字作品，将使得“合理使用”制度在网络新媒体环境下漏洞百出，既违背了著作权法“合理使用”制度建立的目的，也不符合当前网络信息传播的趋势。

我国现行的《著作权法》规定了教科书编写出版、报刊转载、录音制作、广播电台、电视台播放等五类著作权“法定许可”制度。以上几种情况下使用作品，可以不经过著作权人的许可，不向其支付报酬。但随着网络技术发展，这些关于“法定许可”的规定还需要进一步细化、明确。例如现行的法规里面没有规定“法定许可”情况下使用者不履行法定付酬义务的行政责任和民事责任；未规定在2020年这种突发疫情情况下，政府或可以免费开放公共资源的特殊应对办法。

此外，从版权性质和经济学角度看，著作权保护期限也应该灵活设计。在当前的网络环境下，作品的传播时间较过去大大缩短，作品的内容、传播形式以及价值也都会受到网络技术的影响，因此，对于著作权保护期限的规定也不能再墨守成规，应当根据网络环境的特殊性和作品的类型、价值灵活调整，从而实现更好的信息共享。

为了更好地平衡信息分享和著作权保护的利益，实现公共利益最大化，我国《著作权法》对于“合理使用”“法定许可”及保护期限都应该增加对公共利益因素的考量，并加强灵活性。

### （4）第三方责任制度有待明确

从法制发展的角度看，著作权法最重大的飞跃是第三方责任制度在著作权法中取得了与直接侵权并重的地位。第三方责任，又称为间接侵权，是指在著作权法里，网络服务商基于某些特定的条件，为直接侵害著作权的行为承担法律责任。在网络环境下，网民基数大且分散，网络侵权形式多样且成本低，隐匿性强，基于此，只能从源头管制，要求网络服务商承担相应的法律责任。

在我国著作权法中，第三方责任主要表现为两类，替代侵权和教唆、帮助侵权。需要指出的是，在我国关于著作权的任何一部法律中，都不曾明确使用“第三方责任”或“间接侵权”这样的概念。我国《信息网络传播权保护条例》2013年修订版第六条规定：“通过信息网络提供他人作品，属于下列情形的，可以不经著作权人许可，不向其支付报酬。”

（一）为介绍、评论某一作品或者说明某一问题，在向公众提供的作品中适当引用已经发表的作品；

（二）为报道时事新闻，在向公众提供的作品中不可避免地再现或者引用已经发表的作品；

（三）为学校课堂教学或者科学研究，向少数数学、科研人员提供少量已经发表的作品；

（四）国家机关为执行公务，在合理范围内向公众提供已经发表的作品；

（五）将中国公民、法人或者其他组织已经发表的、以汉语言文字创作的作品翻译成的少数民族语言文字作品，向中国境内少数民族提供；

（六）不以营利为目的，以盲人能够感知的独特方式向盲人提供已经发表的文字作品；

（七）向公众提供在信息网络上已经发表的关于政治、经济问题的时事性文章；

（八）向公众提供在公众集会上发表的讲话。

如果对第三方责任限制得较为严格，可以更好地维护著作权人的利益，但是会损害网络服务商的技术研发和服务升级的积极性，从而影响互联网发展和公众的信息共享；如果对第三方责任限制较为宽松，会鼓励网络服务商更好地向大众提供优质服务，但是会在一定程度上侵害著作权人权利，或者导致更多的服务商利用法律漏洞进行网络侵权。网络服务者责任的认定，实际上是网络环境中对于各方参与者和多种利益的平衡与协调，好的责任认定可以更好地处理网络环境下信息共享和著作权保护之间的矛盾。

（5）监管体系不完善

网络环境下，信息传输、接受、共享都在虚拟平台下进行，通过这种平台，将各个点、面、体的信息全部联系到一起实现所有信息资源共享。网络信息监管需要防止、控制不正当的信息传播对网络共享效率和公共利益造成损害。目前，我国司法领域也开始重视网络侵权，出台了很多与网络侵权、信息共享相关的法律法规，但在信息资源监督上尚没有形成一套行之有效的针对性的解决办法，没有从全局上建立系统性的监督体系。其一，司法监督管理制度不完善，特别是在遇到网络信息共享纠纷时，仅仅就个案进行分析，简单援用现有法律法规相关条款，并没有从制度上去防范和遏制纠纷，以完善配套的司法监督管理制度；其二，司法资源有限，当前的司法制度存在立案门槛高、侵权处罚轻，缺乏一套完整、清晰、严格的网络侵权司法标准；其三，在执法程序方面，需要加强多部门联动。网络信息共享监管是一项庞大繁复的系统工程，特别是在当前的网络环境下，网络侵权数量大、种类多，需要联动政府部门、法院、公安系统、网络通信、社会团体等各个部门及组织，在信息分享的各个环节加强监管，完善等级、公示、监测、交易制度，才能很好地应对屡禁不止且花样百出的网络侵权案件。

因此，缺乏行之有效的信息共享监督管理机制，会在一定程度上影响公众对信息资源获取和传播效率，让网络侵权有更多可乘之机，这也是信息资源共享利益冲突产生的一个重要原因。

## 三、网络信息共享与著作权保护的冲突影响

著作权保护和信息共享由于利益不均衡、法律不完善等多种原因产生

了一系列矛盾冲突。任何事物都具有两面性，一方面，这些冲突造成了负面影响，导致网络侵权数量急剧增加，极大地打击了创作积极性；另一方面，在解决社会各个层面的矛盾和冲突的过程中也产生了许多积极的作用，如促进了立法，推动立法完善、技术更新等。

### 1. 网络信息共享与著作权保护冲突的负面影响

北京互联网法院姜颖法官在直播时介绍，1991 年著作权法实施后，地方各级人民法院著作权案件数量稳步上升，1999 年出现了第一起网络著作权案件。进入数字经济时代后，网络传播速度加快，特别是 5G 技术投入使用以后，互联网商业模式更加多元，著作权侵权案件数量迅猛增加。截止到 2019 年，全国各级法院受理的著作权案件达 293066 件，其中涉及网络著作权案件占比高达 71%。其中，单项案由最多的是“侵害作品信息网络传播权纠纷”。

在当前的网络环境下，新型的创作成果层出不穷，例如短视频、表情包、AI 作品等。新的行为方式也不断涌现，例如网盘搜索、云存储、在线教育等。新的商业模式也更加多元，例如视频直播、体育赛事直播、共享会员和直播带货等。这些新模式、新成果和新方式催生了新的侵权方式。比较常见的侵权类型有“图解电影”侵权、作品音频侵权、直播侵权等。例如优酷视频状告蜀黍科技公司在未经许可的情况下提供《三生三世十里桃花》连续图集案件；个人用户上传电影《我不是药神》音频至哔哩哔哩网站，造成侵权的案件；以及知名直播网站斗鱼被诉其平台网络主播在直播过程中演唱未经授权的歌曲，被判定承担相应的民事责任。2018 年，国家版权局在对包括抖音、快手在内的 15 家重点短视频平台的企业调查中，责令下架删除各类涉嫌侵权盗版短视频作品 57 万部。类似的侵权事件不胜枚举，由此可见，由于信息共享与著作权保护之间的冲突，的确造成了多种形式的著作权侵权案件增加，盗版猖獗的情况必然会对作者的经济利益和创作积极性造成影响。

## 2. 网络信息共享与著作权保护冲突的正面影响

第一，著作权法保护与信息共享之间的冲突对我国著作权法的调整更新起到了刺激作用。如上文所述，目前，我国著作权立法体系还存在一些不足之处。为了更好地适应技术的发展，平衡各方利益，著作权法也针对现有的问题不断革新。现阶段，虽然数字网络技术把世界各国各地区更加紧密地联系在一起，加快了著作权法全球一体化的进程。然而，有必要具体情况具体分析，从中国特色社会主义的国情出发，制定出适应当前中国网络环境下的著作权法律法规。当前，我国《著作权法》第三次修正案已经出台。国务院法制办于2014年6月公布的“关于《中华人民共和国著作权法》（修订草案送审稿）的说明”中明确指出，近年来，全球科学技术和信息网络技术的高速发展，加速了网络共享和网络传播技术的更新，改变了传统的作品创作和传播方式，也给著作权保护制度带来了新的挑战。由此可见，我国著作权法的第三次修订考量中，大量融入了网络技术浪潮对传统著作权制度影响的思考，对于原有的著作权立法体系上的不足进行了大量的研究探讨。此外，2020年初开始生效的《视听表演北京条约》也是著作权法律法规逐步完善的有效例证。《视听表演北京条约》是一部因应顺应信息技术发展，对表演者的声音和形象给予全面保护的新的国际规范。《视听表演北京条约》是在我国北京缔结的，体现了我国对于著作权的重视和国际责任，不仅能够更全面地保障表演者权利，而且更有利于鼓励文化创新、繁荣艺术。互联网的发展给著作权法带来了新的要求和挑战，并打破了原有的利益平衡。为了更好协调冲突，法律机制必然会不断改进和完善，探索建立一套符合新的利益平衡原则的法律机制。这样一来，反过来又能保障信息共享促进利益平衡功能的发挥，从而形成两者之间的良性互动和循环。著作权制度和信息共享之间和谐统一，保障社会进步、文化繁荣发展目标之实现。

第二，著作权法保护与信息共享之间的冲突提升了互联网治理能力和监管力度。网络环境下著作权主体利益的提升催生了网络侵权，也促使国家加强对于网络的治理和监管的力度。世界各国都在通过法律手段、技术手段来提升治理能力和监管力度。欧盟通过新的版权指令进行平台版权治理，给平台设定版权过滤义务和授权义务。针对网络环境下盗版猖獗的情况，我国从 2010 年起，为了贯彻实施《国家知识产权战略纲要》，净化网络版权保护环境，促进版权产业健康发展，国家版权局、公安部、工信部联手开展“剑网行动”，打击网络侵权盗版。另外，国家一直在完善版权保护登记制度，搭建版权登记服务平台和交易平台，努力实现与版权相关的登记和服务全覆盖。并且，国家还频繁举办网络安全宣传周，提升全民网络安全意识和技能，是国家提升网络综合治理能力的重要手段；同时，建设网络治理体系也是提升网络综合治理的重要手段。国家也一直通过技术创新手段，特别是大数据、防伪防盗、网络监测等净化互联网环境。除此之外，国家一直致力于发动网民、公益组织、社会力量一同参与网络治理，改变我国网络监管自上而下简单的单向度、指令化行政管理模式，打造立体网络化的综合反馈机制。从上述措施可见，国家非常重视网络治理和监管工作，也在通过各种法律手段、技术手段来维护良好的网络市场秩序，保障版权产业健康发展。

第三，著作权法保护与信息共享之间的冲突推动版权保护技术的创新与升级。著作权保护体系与当时的科技发展水平息息相关。目前，互联网技术使得作品传播和分享达到了前所未有的高效和便利，利益主体对网络技术的需求也越来越高。著作权人需要通过网络技术保护自己的权利；网络平台想要通过网络技术实现更高效的网络传播与共享；作品使用者希望用最低成本享受更多的网络服务，这些利益主体都需要通过不断的技术革新来实现自己的目标。应对这种复杂的网络情况，唯有以创新的方式保护创新。当下的 5G 技术是互联网前端技术，与人工智能、云技术等息息相关，会直接推动数据产业的快速发展。然而，在这个过程中，会产生与版权相关的一些问题。例如，AR、VR 体育赛事直播、网络游戏等方面使用这种技术将会涉及版权问题。新时代版权保护的破局之道还是以创新的方式来保护创新，用技术、制度、模式保护新的商业模式。因此，我们要从原来权利人和各方的相互对抗模式走向权利人、用户、网络服务提供商合作共赢的模式，这是未来版权发展有序健康运行更好的治理模式。

著作权保护及信息分享面临的挑战让更多企业更加重视版权保护和互联网技术研发。一方面积极引入正版内容，另一方面输出安全技术，以黑科技打击不法分子。例如，国内著名互联网企业腾讯已建成了全球最大的互联网云库，涵盖风险网址、诈骗电话、骚扰短信、银行账号黑名单、木马、APK 等丰富而又全面的网络安全数据，腾讯海量的计算和储存资源，每天可对十亿级网址和百万级移动 APP 进行风险建模。腾讯安全针对侵权行为的关键环节梳理出了针对性的保护措施，形成了“全网发现—线索串并—电子固证—实时拦截/助力抓捕”的网络侵权全流程处置方案，基于全网每天 20 亿网址识别及全网数据分析建模，平台能够实时发现侵权链接、盗链情况，通过多维度风险评估，可以让版权人、监管单位直接了解侵权盗版态势，便于实施分析决策。在电子固证环节，腾讯安全通过与深圳市市场监督管理局“云上稽查”平台合作固证、出具司法鉴定报告，规避疑似网址、变更网址、关停网站、服务器境外部署及销毁数据等风险，提高执法机关办案效率和积极性。我国版权监管相关机构也可以通过技术手段，联合腾讯安全等类似的网络力量，结合网络监督、执法工作实际需要，创新技术手段，顺次实现违法目标监测、网页固证、移动端固证、在线数据提取、数据库前置分析、人员数据关联、数据证据鉴定、违法人员轨迹分析直至现场打击这一整套创新且专业的网络知识产权保护执法流程，真正实现“以网管网、以网治网”的目标。

第四，著作权法保护与信息共享之间的冲突有助于唤醒公众版权意识，推动版权产业迅速发展。在当前的网络环境下，作品的创作变得简单高效，每个人都可能是信息的创造者，也可能是信息的传播者，著作权侵权和维权也不再是少数人的事情。网络技术的发展越来越普遍，与人们的工作和生活息息相关。著作权侵权纠纷也因为网络传播范围广、速度快的特点，让更多的网民开始接触、认识甚至研究著作权。互联网使得典型案例的影响力持续扩大，网络发酵让更多人意识到版权问题。例如 2011 年百度文库侵权案件中，贾平凹、韩寒等 50 位作家公开发布了《中国作家声讨百度书》，声讨百度在未经授权的情况下上传了他们的作品，该事件在网络上引起热议。此类案件造成了很大的社会影响，作家群体开始意识到自身知识产权的问题，更注重维护自身的合法权益，鼓励网络作家勇敢站出来捍卫自身利益。同时，百度这样的互联网企业也开始重视商业模式的合法性问题，企业方也在类似的事件中不断突破原有的经营模式。在百度文库侵权案件之后，一些企业也主动寻求合作，希望获得正规的授权。国家立法部门，比如国家法制办、国家版权局等作为行政执法部门也在加快版权工作步伐，把完善著作权相关法律法规纳入立法计划中，并开展“剑网行动”，约谈终点互联网企业，开展知识产权教育。此外，对于普通网民来说，也开始反思自己在上传和下载过程中是否有合法授权，是否涉嫌侵权，对版权越来越重视，慢慢接受“影视付费”“音乐付费”的网络消费模式，慢慢学会用合法手段维护自身的合法权益，这些也都是版权意识觉醒的体现。由此可见，著作权法保护与信息共享之间的冲突的确起到一定的警醒作用，让不同的利益主体深刻认识到版权保护的重要性，从而提升整体公众的版权意识。

著作权法保护与信息共享之间的冲突还促进了版权产业的迅速发展。当前复杂的网络环境给版权保护带来挑战的同时，也极大地推动了我国的版权产业的发展，让版权产业成为推动经济发展、优化经济结构的新引擎。十九大报告指出，以文学艺术、新闻出版、广播影视、计算机软件、信息网络等产业为代表的著作权产业迅猛发展，已成为国民经济新的增长点和支柱产业。2017 年，我国版权产业行业增加值突破 5 万亿元，占全国 GDP 的 7.3%，基本和澳大利亚的经济占比相同，接近欧美等发达国家水平。随着版权产业的发展，我国版权登记制度日趋完善。自 1994 年开始，我国逐渐启动著作权登记工作，随着社会发展，我国的著作权登记数量逐年攀升。并且，版权保护行业协会不断创新，行业协会也在往积极的方向发展。1992 年，我国成立了中国音乐著作权协会，这是我国历史上第一个著作权集体管理组织。此后几年间，摄影、音像类的著作权集体管理组织也相继成立，极大促进了音乐、音像、摄影、文学和电影等作品的合法使用及传播。此外，版权保护体系日渐完善和强大，使得我国的国际影响力不断扩大。近年来，我国积极参与著作权国际规则的制定和调整，相继签署、加入和批准了多个著作权国际条约。2012 年 6 月，我国政府与世界知识产权组织联合在北京召开保护音像表演外交峰会，推动并成功缔结了《视听表演北京条约》，成为该组织近 20 年来首次缔结的著作权国际条约，也是中华人民共和国成立后第一个以中国城市命名的多边国际条约。此外，我国还批准了多家涉外著作权认证机构在华开展涉外著作权的认证和联络工作，对于履行相关国际义务、推动我国著作权走向国际起到了积极作用。

# 第四章　数字图书馆“合理使用”制度法律问题研究

## 一、著作权法“合理使用”制度概述

“合理使用（fair use）”原则是源于衡平法的一项规则，它在一定程度上限制了版权所有者的排他性权利。“fair”一词含有公平与合理的意思。著作权法中的“合理使用”制度指的是在法定情况下，作品的使用者可以不需要征求作者的同意、不向作者支付报酬来使用该作者的作品。“合理使用”制度站在公共利益的角度上，限制了作者的私人权利，是著作权法平衡作者私权和社会公益权利的表现，体现了著作权法调整平衡各方利益的作用，能够推进全社会科学文化事业的繁荣发展。目前，这一制度在各个国家的著作权保护体系中普遍适用，但是也存在许多问题需要讨论。

英国是首先创立著作权领域内合理使用制度的国家，在《安娜女王法》颁布之后，作者对作品的私有权得到了确立，但是这却限制了公众对作品的了解和使用，不利于文化的传播与发展。因此，在后续的判例中，英国法院给予了使用者合理权利，经过漫长的实践之后，形成了“合理使用”制度[86]。美国也是经历了漫长的实践阶段之后，终于在1976年的《版权法》中首次用文字形式确立了“合理使用”制度，并将其写入了成文法中。美国1976年《版权法》的第107条为检验是否需要合理使用的情形设立了四个标准：使用者的使用目的、作品性质、使用部分占比量和实质内容量，以及对该作品的市场或价值的影响力度。美国作为判例法国家，虽然有1976年《版权法》这个成文法，但是判定是否合理使用，依然无法直接从法律条文中获得，而是依赖于实践中判例的判断。日本作为与我国相似的大陆法系国家，对“合理使用”制度的规定十分宽泛：只要不以营利为目的，不利用该作品收取任何的报酬或者费用，都可以作为合理使用的情况对作品进行演绎，对合理使用情形的分析仅用是否营利和收费来衡量。《伯尔尼公约》中也提出了关于检验是否合理使用的条件和步骤：非营利且必须、不影响作品正常利用，以及不损害著作权人的合法权益，只需要满足这三个条件，即可判定为合理使用。

目前，世界上大部分的国家都对著作权的合理使用做出了规定，大体上可以分为两类：“规则主义”和“因素主义”。“规则主义”指的是在立法中明确地列举出“合理使用”制度适用的情况与条件，采用的大多是大陆法系国家；而“因素主义”则是在立法中仅规定合理相应的条件和因素来判断是否属于合理使用的范围之内，为实践提供判断的因素和依据，英美法系国家多采用此类。我国则使用“规则主义”来立法，最早关于“合理使用”制度的法律法规可以追溯到1984年的《图书、期刊版权保护试行条例》。在我国现行著作权法中，第二十四条对“合理使用”制度做出了规定，指出在法定情况下使用作品，可以不经著作权人许可，不向其支付报酬，但应当指明作者姓名、作品名称。2001年，著作权法第一次修订时在“合理使用”制度中加入了信息网络传播权的相关内容，在2013年颁布的《著作权法实施条例》中又对“合理使用”制度进行了原则性补充，限制了“合理使用”制度的范围。我国著作权法还对图书馆做出了合理使用的相关规定：《著作权法》（2020年修正）第二十四条中规定：图书馆为陈列或者保存版本的需要，复制本馆收藏的作品时可以不经著作权人许可也不向其支付报酬。但是此项规定仅允许“为陈列或者保存版本需要”，范围十分狭窄。图书馆开展的业务中，不仅出于陈列或者保存需要才复制作品，也不能保证读者的复制都是出于合理使用的目的。目前，我国著作权保护体系中关于“合理使用”制度的相关规定显得封闭，欠缺弹性和灵活性，难以顺应新技术迅猛发展的现代社会，虽然在后续的修订中增加了一些适用情形，但是仍然无法满足需要。采用“规则主义”模式来立法，列举出具体的适用情形，使得某些新情况、新技术无法适用于著作权法体系，带来了许多问题。数字图书馆因纸质文献资料数字化存储的数据集，在格式转化、功能性使用、数据存储等方面，会面临“合理使用”原则的评判。

## 二、美国“合理使用”制度经典案例研究

美国作为一个判例法国家，其经典案例为“合理使用”制度的使用和延伸提供了依据，并在世界范围内产生了重要影响。数字图书馆版权纠纷的一个典型案例就是谷歌图书馆（Google Library）案件。谷歌图书馆是谷歌公司旗下的新一代互联网数字图书馆产品，是一个大型的全球公益项目。谷歌公司作为数字图书馆项目的先驱者，利用自身网络服务优势，与世界各大图书馆合作，将其馆藏进行数字化转换并复制上传至云服务器。谷歌的目标是建设世界一流的大型数字图书馆，为用户提供大量高质量的数据信息，使得用户足不出户就可以访问世界知名图书馆的信息资源。谷歌图书馆建设的初衷是美好的，其最终的目的也是为了实现信息资源的共享与传播，实现公益目标。谷歌公司在对馆藏文献进行数字化处理时，已经具备较高的版权意识，对不同版权保护程度的文献资料施加了不同的浏览范围：对于OA（Open Access）资源或已过版权保护期限的作品，用户可以浏览全文；对于仍处于版权保护期内的作品或未经作者授权的作品，用户则只能浏览作品片段。然而，自2004年谷歌图书馆建成以来，就被卷入版权纠纷十余年，经历了一系列复杂的案件，与之相关的版权纠纷从未停止。纠纷主要发生在数字图书馆扫描复制作品的过程中，可能会侵犯著作权人对作品的复制权和网络信息传播权。谷歌图书馆的版权纠纷遍布

世界多个主要国家，数量庞大的版权纠纷严重影响了以谷歌图书馆为代表的数字图书馆的转型发展。2013 年 11 月，在经历了近十年的版权之争后，纽约南部地区联邦法院对美国作家协会和出版商起诉谷歌数字图书馆侵权一案作出判决，认定谷歌图书馆使用作品的行为应当属于版权“合理使用”的范畴，不存在侵权行为，驳回了原告的侵权诉讼请求，并表示不再接受此案件的上诉，这是自谷歌图书馆建成以来，美国法院首次对其版权纠纷作出的积极认定[87]。法官 Denny Chin 的判决理由是谷歌图书馆的设立是基于公益目的的，并改变了原作品的形态，仅将很小一部分作品展示给读者，不影响原作品的使用和价值。从判决理由中可以看出，美国法院在认定数字图书馆“合理使用”时，从数字图书馆的性质、目的和特点出发，结合“四要素”原则逐一阐述。2015 年 10 月，谷歌数字图书馆侵权案在美国联邦法院开庭终审。在终审判决中，法官采用了“合理使用”的转换性使用，认定谷歌图书馆使用原作品的目的已经发生了变化。谷歌图书馆为读者提供检索字段、馆藏信息和购买信息，主要是方便读者找到获取作品的途径。这是数字图书馆发展转型过程中的一个重要转折点，标志着深陷版权纷争的数字图书馆焕发出新的活力。以此为背景，以下将通过谷歌数字图书馆案、Campbell 案、Hathitrust 案等经典案例的研究，从美国著作权法的司法实践出发，探讨“合理使用”原则在数字图书馆中的应用。

### 1. 美国“合理使用”原则的发展历程

根据美国宪法第一条第八款规定，作者对自己的作品在一定时期内享有排他权利，从而推动科技进步。这体现了版权法扩展知识传播、推动社会文明进步的立法目标。版权法通过赋予潜在作者对其创作作品的排他控制权利，对作者进行经济奖励，鼓励他们创作增进知识、并具有启发性的作品，使得公众能够更方便、更容易地获取知识。因此，从表面上看，作者的权益是版权法保护的对象，但实际上公众利益才是版权立法的最终和最根本的考量。自世界上第一部著作权法诞生以来，越来越多的人意识到，对作者权利的绝对排他性保护在一定程度上限制了公众知识的获取。这一想法最终发展成为“合理使用”规则，规定在特定情况下可以对作者权利加以限制，以实现版权立法推动科学、技术和文化发展的根本目的。

尽管“合理使用”原则在司法实践中已经被频繁使用，美国最高法院也承认其可以作为一种积极抗辩，但它却一直没有在著作权立法中得到直接体现。直到 1976 年，“合理使用”的“四要素”原则才首次正式载入美国《版权法》第 107 条。根据美国 1976 年《版权法》第 107 条规定，“合理使用”原则可以应用于批评、评论、新闻报道、教学和学术研究等目的，在判断某一作品在特定情况下的使用是否构成“合理使用”时，需要考虑以下四个要素：

第一，作品使用的目的和性质，包括是否出于商业目的或非营利的教育目的；

第二，受保护的作品的性质和类型，不同性质和类型作品的“合理使用”界限也不同；

第三，与整个受保护作品相比，使用部分的数量、实质性以及重要程度、不适当的比例不能被认为是合理的；

第四，对被保护作品的潜在市场或市场价值的影响。

此外，即使作品并未发表，但只要符合上述“四要素”，就可以判断作品的使用构成“合理使用”。

这就是著名的“合理使用”四要素原则，它被沿用至今，并在世界范围内产生了广泛影响，是判断“合理使用”原则适用的一个重要标准。“四要素”原则是基于大量的司法裁决总结而成的，并在长期的司法实践中得到了检验。美国 1976 年《版权法》第 107 条的措辞源于大法官约瑟夫·斯托里（Joseph Story）在福尔松诉马什（Folsom vs Marsh）一案中的简短评论。大法官在该案的判决中提出，一件作品的再利用应考虑其用途和使用特点，以及作品本身的性质[88]。

然而，虽然"合理使用"原则被写入版权法是版权法领域的一项重要成果，但起初并没有对其作出明确的定义，仅简单地将出于批评、评论、新闻报道和教学研究等目的排除在外。根据美国国会立法记录，国会在通过该项法条时明确表示不会准确阐述其"合理使用"的标准。并解释了这是因为"合理使用"原则是一项普通法传统，也是一个公平规则，第 107 条规定只是用来重申"合理使用"的司法原则的，并不能扩大或者缩小其适用范围，只能根据个案的不同情况进行处理。因此，尽管"合理使用"原则在审判实践中被反复运用，但不能形成统一的定义。

尽管《版权法》没有给出"合理使用"的具体含义，在司法实践中，法院在确定"合理使用"的使用方面也没有太多的自由裁量权。直到 1994 年的 Campbell 案判决，最高法院才对"合理使用"原则做了全面的分析，对其使用标准进行了解释。在 Campbell 案中，美国的 2 Live Crew 乐队创作并发表了一首对原作者 Roy Obison 的歌曲"Oh！ Pretty Woman"的戏仿歌曲。在创作该戏仿作品时，2 Live Crew 乐队曾征求过原作者的许可，但是被拒绝了。该戏仿歌曲一经发表大受欢迎，创下了 25 万张的销量。之后，原作者所在公司起诉 2 Live Crew 乐队侵犯了其著作权。地区法院判决支持 2 Live Crew 不侵权，但是巡回法院推翻了地区法院的判决，2 Live Crew 乐队上诉，最终，最高法院判定 2 Live Crew 乐队的劝仿作品构成"合理使用"。

最高法院在 Campbell 案中讨论了《版权法》第 107 条中所包含的所有内容，指出法条中规定"合理使用"原则可以适用于批评、评论、新闻报道和教学研究等仅仅是列举的例子，并非全部的情况，只是对"合理使用"的使用情况提供的宽泛指导。此外，法条还表示第 107 条的"四要素"是相互联系而非独立存在的，每个因素都是对如何界定原作者排他性权利不同维度的分析，应当逐案分析，具体问题具体分析，不能简化为明确界定的规则，并有必要在著作权法的立法目的的背景下加以考虑，并权衡其结果。即只有同时满足“四要素”的标准，才能认定某一行为构成“合理使用”，否则即为侵权。然而，在实践中，由于不同的法官对这四个要素有不同的理解，“合理使用”的判断仍然是一个非常复杂的司法问题。

## 2. 美国版权法“合理使用”的“四要素”适用性

### （1）“四要素”适用性以扩充公众对知识需求为最终目的

版权立法的直接受益者是作者，因为法律赋予作者对其作品享有专有权，并以此来获得经济收益；而版权立法的最终和最根本的受益者则是社会大众，因为版权立法的最终目的是推动全社会科学、知识、文化、技术的发展。“合理使用”制度的最终目的则是扩充公众对知识的需求，进而提升公众对知识和信息的理解。

在Campbell案中，最高法院就强调，“合理使用”的“四要素”，都是为了更好地实现版权法扩充公众认知的同时兼顾激励作者为了公共利益而创作这个最高目的。在适用“四要素”方法时，有必要结合具体案情分析，在著作权法的立法目的的背景下考虑并权衡其结果。并且法官还支持转换性使用构成“合理使用”的认定，其原因是转换性使用传达了与原作品不同的新内容，或扩展了其用途，从而服务于版权法扩大公众知识的一般目标。

而在Hathitrust案和谷歌数字图书馆侵权案里，法官也都强调了数字图书馆的公益性目的。在Hathitrust案中，与谷歌数字图书馆项目合作的世界知名图书馆组成了一个名为Hathitrust的组织。在谷歌公司将这些图书馆的图书资料进行数字化复制后，Hathitrust组织负责集中处理。该案的版权所有者声称，Hathitrust侵犯了他们的版权，并质疑Hathitrust使用数字化副本的利用方式，特别是其“全文搜索”功能的合法性。他们提出，尽管该功能不包括文本片段浏览或其他显示功能，但仍可以使得图书馆用户找到包含特定单词和短语的电子图书。在本案的审理结果中，法官认为搜索功能创建和使用数字化副本属于“合理使用”的范畴。虽然图书馆下载并进行了全文文献的数字化，但有助于搜索者通过这些含有他们感兴趣的词或者短语找到相关的书籍，有助于公众更加便捷地获取知识。和 Hathitrust 案一样，谷歌数字图书馆侵权案也涉及复制了使用作品进行检索的问题。为了满足读者的功能需求，谷歌对原告的图书进行了数字化复制，使得读者能够通过搜索者获取原著的相关信息，通过关键词找到那些他们感兴趣的图书。并且，谷歌图书馆还开发了一项名为“Ngrams”功能，允许读者查看随时间推移出版的书籍中搜索词的使用频率。还通过向读者展示关键词或短语使用频率，使用户根据使用频率就可以判断某一主题在时空转变之下的发展变化。法官认为，谷歌图书馆的做法对于知识和检索技能缺失的普通公众来说，有助于帮助他们在尽可能少的时间成本中迅速地判断并获取到感兴趣的图书，也是遵循了增加知识获取的便捷度，促进文化产业发展，提高国民素质的立法目的。

### (2)“四要素”之一：使用的目的和性质

判断“合理使用”适用性的“四要素”之一是使用作品的目的和性质是否新颖且具有变革性。美国《版权法》第 106 条提到的“转换”指的是一般形式上的变化，并不含有能够支持“合理使用”认定的转换性目的。当复制件的服务功能不同于原著时，原著的完全数字化复制就属于合理使用。

2004 年，谷歌数字图书馆项目启动。谷歌公司和许多世界主流科研图书馆签订了双边协议。这些协议规定，参与的图书馆从他们的馆藏中选择图书提交给谷歌。谷歌对每本书进行了数字扫描，生成机器可读的文本，然后编入索引，并以这些数据信息形成的数据集为基础，建立“谷歌图书”搜索引擎。公众在使用“谷歌图书”时，输入搜索关键词或者短语就可以检索到数据库里面包含关键词或短语的所有书籍的书目信息，检索词在每本书中出现的次数也会被标明。在“关于本书”的简介里，也附录了书中出现最频繁的若干字词的列表。有些书目信息里，还添加了在线购买链接，还有收藏该书的图书馆信息。可以说，谷歌图书馆实现了普通人穷尽一生也无法搜索到的信息量。除此之外，基于谷歌数字图书馆项目，谷歌公司还开发了一款名为“Ngrams”的文本挖掘检索工具。“Ngrams”检索工具能够为互联网用户提供统计数据，让他们了解这几个世纪以来不同时期、不同语言地区字词和短语使用频率，并可以辨别社会就某一个主题在时空变幻中的兴趣变化。研究者就可以在工具的帮助下，通过搜索词语频率、句法模式和主题标识，获取术语、语法和文学风格随时间的变化情况。在谷歌数字图书馆案中，法庭认可了其全文搜索数据库是典型的转换性使用，认为无论是谷歌数字图书馆的检索工具，还是谷歌搜索引擎中的文本挖掘检索工具，其搜索结果与原作品在目的、特性、表达、含义、讯息方面都是不同的。

除此之外，最高法院在Campbell案中也分析了对原作品二次利用的目的和性质的重要性，对于评估转换性使用何时趋向于构成“合理使用”具有重要的指导价值。法官指出，使用者将越多的复制部分用于变革性和转换性的目的，越能够实现版权法丰富公众知识的目的，也越不容易被看作是原作品的简单代替或者可能的演绎，从而避免了原告应享有的经济利益的减损。并且，当作品的使用具有转换性时，不会有较大的市场替代性，也不会有明显的市场损害性。因此，有必要区分新作品是简单地取代了原作品，还是添加了新的内容并存在其他目的。也就是说，有必要区分新作品是否具有变革性，以及在多大程度上具有变革性。除此之外，判决进一步解释道，承认转换性使用并不是“合理使用”成立的绝对必要条件，但是承认转换性使用能够推动作品创作，实现版权法促进科技和艺术的发展目的。并且，这样的作品处于版权法调整范围之内，需要由“合理使用”原则来保障发展空间。

①戏仿（parody）

"转换性"是否能看作理解"合理使用"要素的全部线索呢？显然是不能的，也是不应该的。"转换性"可以被视作一个复杂思想的提示性表征。对作者原作品的任何一个或全部的改变，不能僵化地认为是构成了合理使用。美国版权法将戏仿（parody）这一概念作为版权法所规定的合理使用的一个下位概念而使用的。有人将戏仿的概念直观而简单地解释为将现有的歌曲、戏剧或文本修改到达到幽默或者嘲讽的效果[89]。从本质上讲，戏仿是一种批评或者评论的形式，通常被作家或演艺人员用来表达自己对某一作品的看法或者意见。戏仿作为一种特殊的批评和评论方式，需要大量引用甚至完全引用原作品，但是一般原作品的版权人不允许其引用。因为戏仿往往对原作品带有一定的嘲讽，原作品的版权所有者或多或少会感到不舒服，戏仿者和原作品的版权人之间也非常容易就此产生冲突。从戏仿的定义来看，其本身并未天然构成一种"合理使用"。"合理使用"制度的产生，就是为了限制版权人的专有性权利，消除专有权保护对文学艺术发展的限制。而文艺的发展离不开批评和评论的声音，批评和评论是促进文艺发展的助推器。因此，版权立法往往不禁止因评论或批评的目的而适当引用原作品。戏仿作为一种传统的批评和评论方式，如果被认定为侵权行为，将会对整个社会的利益造成极大的损害，因此，"合理使用"原则会成为戏仿行为侵权的抗辩理由。

对评定转换性使用何时倾向于构成合理使用，Campbell 案的法庭评论具有重要的指导意义。Campbell 案中，被告以他的作品是对原作品的戏仿为由进行抗辩。按照美国最高法院的意见，戏仿是使用原作品的元素创作的新作品，并且新作品必须至少有一部分是对原作品的评论。法庭强调，戏仿批评或评论的对象必须是原作品，而不能用于对其他对象的批评或评论。戏仿作品创作者往往引用原作品主张的核心，相反，如果没有对原作品的内容或风格的批评，戏仿作品的创作者使用他人作品只是为了获得社会关注，或用来摆脱创作过程中的辛苦，或者仅仅是为了复制，那么使用的合理性就会降低。最高法院认为，戏仿作品实际上包含两部分内容，一部分是对原作品进行的戏仿创作，另一部分是对原作品的直接复制。这两部分对原作品及其衍生作品的潜在市场有不同的影响，前者造成的是一种合法的损害，而后者造成的则是非法的损害。然而，复制他人作品最广泛的目的就是进行评论或批评，那么为什么戏仿比讽刺作品具有更强、更明显的“合理使用”的特征呢？戏仿需要模仿原作品来体现其主旨，因此有一定使用原作品的权利；而讽刺则可以不借助他人作品而完成，因此戏仿这种方式要求借用原作品本身就具有正当性。也就是说，主张“合理使用”就必须就其使用具有正当理由，新创作者不能仅因为原作者的表达可以很好地传达新创作者的意图就大量使用原作者的表达。但是，为阐述观点之目的取用他人作品，但论述与原作品无关，也可能构成合理使用，不过取用者需要给出一个正当理由。

②搜索和片段浏览的演绎权排除

过于简单地依赖于复制行为是否涉及形式的转变以确定“合理使用”会造成另一个困境，即“转换”一词也用于定义版权人享有的排他性的演绎权。在这种情况下的“转换”是无法构成“合理使用”的。

美国《版权法》第106条规定，版权人对基于原著创作的演绎作品享有排他性权利。演绎作品一般包括形式变化意义的转化，法条通过列举的方式对演绎作品做出了解释。演绎作品的类型包括翻译、歌曲改编、剧本改编、小说改编、电影改编、艺术再现、删减本、简写本，或者其他任何可以将作品重塑、改变、改编的形式。此外，Hathitrus案中提出，演绎作品的典型例子还包括将小说翻译成其他语言，将小说改编为电影或剧本，或转换为电子书、有声读物的方式。这些改变虽然也被称为“转换”，但是属于演绎作品的范畴，并不含有能够支持“合理使用”认定的转换性目的。相比之下，为对原著进行批判、评论或者是提供与原作品有关的信息而进行的复制，非常明确地趋向于Campbell案中关于“合理使用”分析的转换性要素。

原告作品的版权是不包括用数字化查询而提供作品信息的排他权的。在谷歌数字图书馆案中，任何对作品表达内容的实质性访问都是不允许的。就像缩略图虽然具有转换性，但是分辨率低于原作品，是不会成为原始图的有效替代品的。Campbell案原告进而声称，根据美国《版权法》第106条第2款，他们对于其作品的搜索和片段浏览功能享有演绎权，谷歌已经侵占了这些演绎作品的专有市场。此点主张并无道理，如上述解释，谷歌对原告作品的数字化扫描时并没有侵犯原告的版权，这些数字复制件被用来使公众获取作品的有关信息，例如作品是否以及使用关键词条和短语，原告的版权不包括对像谷歌图书计划那样提供作品的信息独占权。实质上基于同样的原因，原告作品的版权不包括通过数字化的查询而提供作品信息的排他权。

版权保护从复制原创性作品延伸到复制演绎性作品，体现了一种清晰、合乎逻辑的政策选择。作者对其作品所享有的复制权、传播权，以及从这个过程中获取报酬的权利不应仅仅因为作品被转化为另一种形式而被忽视。作者对其作品的其他语言版本或以作品为基础而改编成的电影的传播同样享有控制权。如上所述，这项规定强有力地表明，原作品作者享有排他性权利的演绎作品通常是一些通过改变形式的方式，再次呈现原作品被保护的方面，如它的表达性内容被转换成另一种形式。例如小说改编成电影、将作品翻译成其他语言、将绘画作品制成明信片或海报、将卡通人物做成毛绒玩具、将音乐作品改编为其他乐器的曲谱等。如果原告的主张是基于谷歌将其作品变为数字化形式以及使公众能够接触这种数字化版本，那么他们的主张会变得强有力。但是，如上述所言，谷歌对于公众浏览数字复制件的保护措施使得其许可范围只允许公众通过搜索功能和片段式浏览搜索到非常有限的信息。这种做法将防止公众以任何实质性途径接触到作品的表达性内容。因此，无论是演绎作品的法律规定，还是其潜在逻辑，都没有表明原作品作者享有谷歌搜索功能所提供的作品信息的排他性演绎权。

③被告的商业动机判断

对原作品的使用越具有转换性，其他反对“合理使用”的因素所占的比重就越小，比如营利性和商业性的动机判断。在谷歌数字图书馆案中，虽然谷歌公司不推送广告，不通过购买链接获利，但谷歌的商业动机有利于原告的主张。谷歌的商业动机与 Hathitrust 案不同，因为 Hathitrust 案的被告是非营利性实体，扮演着图书馆代表的角色。虽然谷歌没有直接从谷歌图书功能的运作中获利，但是原告强调谷歌是利益驱动型企业，试图利用图书搜索的优势来增强其在互联网搜索市场的主导地位，使得谷歌公司能从图书搜索功能中获取间接利益。

原告的观点主要有两个依据。第一个是国会立法报告对《版权法》第 107 条合理使用的解释。其中规定二次使用的目的和性质应该考虑这样的使用是商业性质还是非营利的教育用途，二次使用的商业动机无疑不利于“合理使用”的认定。第二个是美国联邦最高法院在索尼案（Sony Corporation of America vs Universal City Studios, Inc.）的法官附带意见中主张对受版权保护材料的一切商业性使用都假定为不合理。这是两个非常强有力的依据，无论是从遵循先例的角度出发，还是从商业动机与“合理使用”关系的角度出发，原告的主张都非常合理。然而，在这种情况下，联邦最高法院、本院和其他法院最终承认了索尼案的上述意见在极大程度上被夸大了。

Campbell 案中，法庭沿用了索尼案的法官附带意见，由于被告说唱组合对原告民谣的戏仿具有营利性的目的，所以不能被认定为“合理使用”。但这一观点被美国联邦最高法院撤销，并指出国会不可能故意对商业性“合理使用”加以如此宽泛的限制，因为第 107 条序文中所列举的使用通常都具有一定的营利性。联邦最高法院强调，国会在立法报告中明确营利性或非营利性对于认定“合理使用”与否，不是决定性的，只是衡量因素之一。在对合理使用第一个要素的解释中，联邦最高法院阐明，二次作品越具有转换性，其他反对"合理使用"的因素，比如营利性的重要性就会越小。美国联邦最高法院在 Campbell 案中强调，"合理使用"不等于非商业性的使用，不能够仅从这一点来判断，要判定是否构成"合理使用"还需要结合其他三个要素来进行具体的综合分析。

可以看出，法庭多次否认了是否具有"商业性动机"比"对原作品的转换性使用"分量更重的说法。将对原作品的使用简单地分为营利性和非营利性是一种不公正的方式，未经授权使用了原作品获取重大收益这个要素必须要谨慎应用。正如联邦最高法院所认可的，国会不可能认定只要具有商业性使用就不能构成"合理使用"。许多受到普遍认可的合理使用类型，通常都是营利性的，比如新闻报道和评论，引用历史性或解析性的图书、书评、表演以及戏仿。相反，二次作品越具有转换性，其他反对合理使用的因素，比如营利性的重要性就会越小。在考察是否构成"合理使用"的一个要素时，不可以赋予商业目的因素太多权重。更为关键的问题是，在合理使用的分析中通常是被控侵权作品是否只是替代了原作或增加了新的内容，是否具有其他目的或不同的性质，是否以新的意义和启示改变了原作品。换句话说，新的作品是否以及在多大程度上是转换性的。在某些情况下，尤其依照联邦最高法院所述，当缺乏具有说服力的转换性目的时，使用者的商业性动机会是一个不利因素，但在需要否定构成"合理使用"时，认定被告整体营利性动机应该在权重上压过其高度使人信服的转换性目的，以及存在重大竞争性替代的事实。

### (3)"四要素"之二:受版权保护作品的性质

"四要素"之二：受版权保护作品的性质在"合理使用"之争的案件判决中很少起到决定性作用。如果不考虑两个作品及其各自的目的，法院就无法判定这个复制作品是否具有与原作品不同的目的。最高法院在Harper&Row 出版公司案中作出了简短评论，认为法律在一般情况下认可传播事实作品而非小说或传奇故事的需求。法院指出，当复制的是事实作品而非小说的时候，更倾向于做出“合理使用”的裁决[90]。因为，尽管版权不保护作品中提出的事实或思想本身，它却保护作者提出这种事实或观点的表达方式。事实作品的作者与小说作者一样，有权利就他们受保护的表达方式获得版权保障。然而，原作品是事实作品并不因此意味着他人可以自由地复制抄袭。新闻报道者无疑创作了事实作品，但不能认为，由于此原因，他人可以肆意抄袭复制和再次传播这些新闻报道。在 Hathitrust 案中，法院认为要素二受版权保护作品的性质不是决定性因素，因为法院几乎没有发现要素二可以单独地在认定合理使用中起到大的作用。在此案中同样如此。尽管本案中三位原告的书籍作品皆为事实作品，法院并未将其作为支持谷歌公司合理使用申辩的因素。即便其中一个或者所有原告的作品是小说作品，法院也并不认为将会改变判定。将受保护作品的性质与新作品的目的和特征相结合来评判其后的作品的使用是否具备Campbell案所说的转化性，则要素二支持合理使用认定，但并非由于原告的作品是事实作品，而是因为这种二次使用转换性地提供了原作品有价值的替代。

自 2004 年以来，谷歌扫描了超过两千万本书，并制作了机读文本和索引，这些书包括受版权法保护的作品和处于公共领域的作品。在谷歌数字图书馆案中，大部分的书不是小说，并且已经不再印刷，因为版权不保护作品中提出的事实或思想本身，保护的是表达方式，所以当搜索者需要查找某个历史事实时，一个片段可能满足搜索者访问有版权作品的全部需要，但该历史性事件并不受版权的保护。

（4）“四要素”之三：被使用部分的数量和重要程度对于被使用的作品的整体的情况

①浏览显示部分多少是否正向影响有效、免费的购买替代

在谷歌数字图书馆案中，谷歌公司的搜索功能也允许部分文本的试看。

谷歌对图书数字扫描版的每一页都进行了技术分割，对于一本每页24行的标准图书，每一页都被分为八个不重叠的部分，每个部分构成一个片断，每一个片断都由三行文字组成。除了显示用户选定的单词或短语在书中出现的次数，搜索功能还会显示三页包含这些词语的三行文字片段。谷歌的搜索程序限制了一个用户通过多次输入相同的搜索词或者通过从不同的IP地址搜索而获取的片段结果，但是用户可以通过改变输入的关键字来进行其他搜索，获得三个片段之外的结果。与此同时，谷歌对每本书的每一页和每十页都进行了一定内容的“黑名单”设置，即每一页都有三行片段，每十页都有一整页内容不向用户公开显示。因此，用户在用尽所有搜索渠道后也只能获得不超过全文16%的不连贯内容，并不涉及对原作品表达方式的完全访问。不过，“黑名单”功能也有例外。对于某些类型作品，如字典、烹饪书和短诗集等，用户可能只需要浏览其中的某一行或某一片段的信息即可满足全部需求，这时谷歌就不提供片段预览服务。此外，自2005年以后，版权所有者权可以通过在线申请渠道，向谷歌申请将一本书从片段预览服务中删除。

②搜索功能、搜索+片段浏览是否是对实质性内容的接触

要素三需要考虑的是使用部分的数量和质量与作为一个整体的受版权保护的作品的关系。少量的、非核心的段落复制更容易认定为构成“合理使用”，而大量的或包含原作品最重要部分的复制则不太容易认定。这一含义凸显了要素三和要素四的密切联系，即复制和使用原作品的部分数量越多、重要性越高，新作品就更有可能成为原作品的有效竞争替代品，更有可能减少原权利人的销售额和收益。针对这个问题，将Hathitrust案和谷歌数字图书馆案进行了对比。

谷歌图书搜索功能允许读者阅读他们搜索出来的书目的片段，片段浏览为基础性的转换性搜索功能增加了重要价值；而Hathitrust则不允许搜索者浏览图书的任何部分内容，仅给出搜索短语是否出现在书中以及出现的

频率。在这种情况下，搜索结果不显示该短语是否出现在搜索者感兴趣的范围内的特定上下文中，因此读者仅能获知其感兴趣的短语是否出现在书中，却无法得知其是否需要这本书。例如，如果读者想找关于画家“毕加索”的图书，然后搜索到了一本包含42处“毕加索”关键词的图书，如果通过“片段浏览”功能发现这本书提到“毕加索”是因为书里一只猫的名字，那么搜索者就可以忽略这本书。而如果片段显示作者描写的是毕加索的画作，那么读者就可以知道他需要这本书。

谷歌图书馆的“片段浏览”设计只是为了向读者展示搜索词的上下文具体语境，从而帮助读者评估这本书是否在其兴趣范围之内，并不会显示太多内容来威胁作者的版权利益。因此，“片段浏览”功能增加了检索符合读者兴趣的书籍的转换性价值，符合四要素一的作品使用的目的和性质，这构成了“合理使用”。结合要素三和要素四来看，除非“片段浏览”功能向公众开放的文本会导致对原作品的竞争性替代，从而压倒了转换的目的因素，否则仍构成“合理使用”。

虽然要素三的合理含义更倾向于少量而非大量甚至全部的对原作品的复制，但法院也明确否定了任何整体复制都无法构成“合理使用”的绝对规则。联邦最高法院在Campbell案审理中指出，要素三并不是一成不变的，允许复制的限度取决于作品使用的目的和特性，并且需要根据复制作品市场上可能作为针对原作品或潜在被授权衍生品的替代品的程度，来考量使用部分的数量和质量是否与复制的目的有合理的关联。在Hathitrust案中，Hathitrust不允许读者浏览图书的任何部分内容，只是给出搜索短语是否出现在书中以及出现的频率。法庭认为，Hathitrust复制整本图书用于全文搜索功能是合理的、适当的和必要的。在谷歌图书馆案中，对原作品的整本复制也应该是合理的、适合转换性使用目的的，而且确实是实现这一目的所必需的。如果谷歌图书馆没有复制原作品的全部内容，则无法实现其告知读者检索词是否出现以及出现频次的功能。虽然谷歌图书馆未经授权就制作了整本书的数字副本，但它并没有将其公之于众。而其复制的目的是用于完成显示书籍有限、重要信息的搜索功能的。因此，谷歌图书馆的检索功能，支持联邦最高法院在Campbell案中阐明的要素三的立场。因此，尽管谷歌图书馆制作了原作品的完整数字化副本，但当这种复制是为了合理和适当地实现转换性目的，并且不会对原作品造成竞争性替代时，这种完整的、未修改的多次复制行为仍被法庭认定构成了"合理使用"。

在法庭对谷歌图书馆片段浏览功能的考察中，制作复制品所使用部分的数量和质量不是那么关键，重要的是它因此暴露给公众的数量和实质内容，是否使其可能成为一个竞争性的替代品。在Hathitrust案中，尽管被告对原作品全文进行了复制，但搜索功能未使公众从实际上接触到原作品的文本。通过片段浏览，谷歌图书馆比Hathitrust向读者显示了更多内容。毫无疑问，使读者能够看到复制文本的部分内容可能对"合理使用"的分析造成决定性的影响。读者可获得的受版权保护的文本越多，对所看到内容的控制就越大，显示内容构成有效的、免费的购买替代的可能性也就越大。然而，至少在谷歌目前的架构中，"片段浏览"功能还无法达到对原作品构成显著替代的程度。这是因为谷歌公司为"片段浏览"功能施加了一系列限制，使其服务不会成为原作品的有效的、有竞争力的替代品。这些限制包括谷歌图书馆将作品划分为很小的片段单位，并设置了"黑名单"功能，使得每一页中有一个片段、每十页中有一页不会被显示出来，使得读者无论使用何种设备，在任何地点检索一个关键词出来的结果总是相同的。此外，对于只需浏览一小部分就很可能满足读者的全部需求的几类图书，谷歌图书馆则不提供片段浏览。因此，谷歌图书馆有了这些限制条件，即使读者经过努力试图增加可展示的内容，"片段浏览"功能的检索结果也不会成为针对原作的竞争性替代品。

除了"黑名单"功能之外，谷歌图书馆还设置了其他重要限制。理论上来讲，虽然“黑名单”功能屏蔽了一本书高达22%的内容，搜索者仍然可以获取一本书78%的内容。但实际上，剩下的78%中大部分内容也是不会被读者所获取的。谷歌图书馆设置的其他限制确保即使经过长时间的努力，也只能访问一小部分随机分散的书籍内容。这一点已经被验证，为了了解读者到底能获取到多少内容，原告的法律顾问聘请了研究人员，通过扩大片段搜索，持续数周地对原告作品进行反复的检索，但无论如何，都无法获取超过16%的文本内容，而且检索出来的是遍及整书随机分散的内容，也并不具有连贯性。谷歌公司解释说，因为他们的片段划分是按照统一的页数来进行的，并不是按照句子、段落或其他面向内容的方式划分的。每个页面都不会显示多个片段，即使读者反复搜索相同的关键词，也不可能获取关于关键字的多个片段。因此，读者很难找到关于某一特定短语如何在书中使用的任何额外信息。即使原告律师找到接近16%的文本内容，也夸大了“片段浏览”功能能获取的内容对原作品的替代程度。因为图书作品的文本信息很重要，但是更重要的是文本内容的显示方式和排序。即使通过检索功能获得了原作品全部的文本信息，但如果单词以字母顺序出现，或以其他顺序出现，只要与它们在原著中出现的顺序不同，没有传达出原作品的含义，没有显示要素三要求的实质内容，仍然没有替代价值。因此，即使在经过长时间测试后发现此项功能可以获得共计16%的原作品的文本内容，但这些内容不是连续的、具有实质性的。反之，如果一个检索功能可以显示一本书超过一定比例的连贯内容，就需要我们警惕其侵权风险。

③片段是否为实质性接触内容

美国作曲家、作家与出版商协会（American Society of Composers, Authors and Publishers，ASCAP）展开了一系列维护版权的诉讼活动[91]。在ASCAP网络音乐下载案中，电话铃声争议问题表面上与上述谷歌图书馆“片段浏览”功能相似。尽管这两种情况都涉及受版权保护作品中的简短片段，但它们有本质上的区别。这是因为，虽然谷歌数字图书馆的检索浏览显示了包含搜索者的关键词的表达性内容的片段，但片段如何显示是由谷歌公司决定的，并且"片段检索"功能的结果并没有为读者提供对作品表达内容的任何有意义的体验。谷歌图书检索功能的目的不在于提供受版权保护的内容，而是通过向读者展示检索词所在的一小部分文本，提供最低限度的上下文信息来帮助其判断是否对书中的内容感兴趣。与此相反，在 ASCAP 网络音乐下载案中，这些截取自受版权保护的音乐片段是经过精心挑选的，因为它们播放的是用户在手机接通时想听的最著名、最流行的一段音乐。铃声对于购买者的价值不在于它提供了信息，而是在于它提供了作者表达性内容中最有吸引力的一小片段表演，因此涉及了版权侵权。除此之外，这些案例以及数字化作品浏览的免费许可计划的存在并不支持原告关于演绎权的主张。

（5）"四要素"之四：复制对于被使用作品的潜在市场或者作品的价值的影响

①是否存在数据泄露问题

在谷歌数字图书馆案中，法庭讨论了原告披露谷歌文件被黑客攻击的危险性。原告主张：谷歌数字图书馆存储原告作品的数字化副本的行为，存在黑客入侵以及副本泄漏的风险，从而削弱了原作品的版权价值。这一主张有充分的理论基础：在本就有争议的使用受版权保护的作品的情况下，如果公众可以通过新作品代替购买原作品，即使这不是再利用的意图，也将构成对正当使用主张的有力反驳。谷歌提供的证据表明，在扫描和制作过程中产生的所有数据信息存储在具备安全保护系统的服务器上，受到谷歌公司用于保护机密信息的强大安全措施的护航。并且谷歌图书馆的数字浏览器放置于电脑之中，该电脑并未连接至公共网络入口。谷歌公司反驳说，即使是原告自己的安全专家，也对谷歌的安全系统大加赞赏，原告也未能指出任何剽窃谷歌图书或谷歌数字图书馆计划的行为。并且强调谷歌图书馆拥有充足的资源,以及拥有能够保护其数据的顶尖计算机技术人员。原告试图利用谷歌公司于2012年7月提交给美国证监会的文件来反驳这一证据，声称谷歌公司曾合法请求公开披露了其潜在的市场风险。谷歌公司曾经谨慎承认过可能会因为外界行为、操作失误以及渎职等行为使得潜在的安全漏洞而暴露的风险。然而，这远不能反驳谷歌为保护自己免受黑客攻击所采取措施的有效性。谷歌充分展示了其对于原告作品的数字化副本的强大保护，完成其在“合理使用”方面的举证责任，并将举证责任转移给了原告。然而，原告的证据远不符合法律要求。虽然原告的主张在理论上有道理，但没有证据支持。

在Hathitrust案中，被告面临的实际上是同样的指控，即被告的行为容易受到黑客攻击。同样的，本案被告提交了证据证明曾采取过大量的安全措施以抵御数据泄漏的风险。法院认为，未来损害的风险必须是确定的，而不只是主观或假设的，才能被认定为事实损害。并指出没有任何依据可以对安全漏洞的可能性得出结论，更不用说会得出公开披露属于本案原告或原告的受版权保护作品的结论了。在索尼案（Sony Corporation of America vs Universal City Studios，Inc.）中，结论是使用录像机实现延时观看也构成“合理使用”，因为原告关于电视和电影作品的实际观看人数会下降的预测只是臆断，并不具有确定性[92]。

②是否会造成图书馆需求变少

要素四即复制对有版权作品潜在市场的影响，重点在于复制是否会给市场带来一个有竞争力的原作品的替代品或其演绎作品，从而剥夺了原作者的可观收入。由于这种可能性，潜在的购买者可能会倾向于选择复制作品而不是原作品。由于版权法实际上是一套商业法则，旨在通过允许作者从其作品中获取利益来激发作者的创造力，因此要素四对于确定是否构成“合理使用”具有重要意义。

Campbell 案强调要素一和要素四之间的密切联系，表现在复制的目的与原作品的目的越不相同，它就越不可能完美地替代原作品。Campbell 案中关于二次使用构成有效替代品的可能性的论述指出，即使复制的目的是有价值的、有转换性的，但如果复制使得原作品足够多的部分被展示出来，从而构成一个具有显著竞争力的替代品，那么复制也可能损害原作品的价值。在 Hathitrust 案中，法庭发现要素四支持被告构成“合理使用”的认定，是因为对一本书进行文本搜索以确定是否包括检索词并不会成为图书本身的替代品。而在谷歌数字图书馆案件中，法庭认为，尽管存在转换性目的，但是至少就其目前的设计而言，“片段浏览”功能不会造成替代性竞争的效果。这是因为通过“片段浏览”功能也只能得到少量的不连贯的内容，其总量不超过全书的 16%。这不会给版权人的版权价值造成任何重大伤害，或降低他们的版权收入。并且与长时间收集随机分散片段所投入的人力、物力和成本相比，直接以正常市场价格购买一本书的成本还是比较低的。虽然肯定会有读者通过“片段浏览”检索结果而满足需求的状况出现，从而导致作品的销量下降或者导致图书馆需求量减少。然而，一定甚至更大的销售损失的可能性，并不足以使复制品成为原作品的有效竞争替代品。想要使得要素四更加倾向于权利人，复制作品就必须存在对原作品潜在市场有重大意义的影响。

此外，上述对原作品造成的需求量和销售量损失通常发生在不受版权保护的利益之上。例如，当一名读者需要查找某个历史事件时，一个片段可能满足搜索者访问有版权作品的全部需要。例如一位学生撰写一篇关于美国总统富兰克林·罗斯福的论文，需要了解他因何患上脊髓灰质炎症。学生只需要在谷歌图书馆的搜索引擎中输入“罗斯福　脊髓灰质炎症”，就可以检索出含有富兰克林·罗斯福携全家在坎波贝洛岛休假，在扑灭了一场林火后跳进了冰冷的海水，因此患上了脊髓灰质炎症的书本片段，这将会满足读者的需求，从而排除了购买或者从图书馆借阅图书的必要。但是检索者从这个片段得到的是一个历史事件，作者的版权也并不包括他书中所表达的历史事实。版权只保护作者的表达，谷歌也有权利从书中获取信息来回答读者为什么罗斯福患有脊髓灰质炎症的问题。除此之外，即使检索出的片段显示了一些作者的表达，由于单一片段的简短性，以及片段集合的不连贯性和碎片性，很少有读者可以通过片段的浏览满足其对受保护作品的需求。并且由于片段浏览造成的不连贯和不完整，片段浏览构成对原作品显著替代的情况会更为罕见。因此，依据版权法扩充公众对知识需求的最终目的，权衡判断“合理使用”的四项要素。法庭认为，谷歌为了向公众提供搜索和片段浏览功能而对原告的作品进行完整数字化复制构成合理使用，没有侵犯原告作品的版权。

③图书馆是否会合理使用数字化复制件

在谷歌图书馆案件中，根据谷歌和所参与图书馆之间的协议，各图书馆在获得“谷歌返回接口”（Google Return Interface，“GRIN”）的许可后，可以自行下载所提供图书的数字图像和机读文件。不同图书馆之间的合同条款可能有所不同，但是都会有一个条款：当使用下载的数字化副本时，图书馆必须遵守版权法，注意防止向公众传播。在该案件中，图书馆下载了至少 270 万份馆藏的数字化副本。

在定性谷歌向所参与图书馆提供数字化副本的行为时，法庭面对着原告的诉求。原告声称，谷歌向其所参与图书馆提供原告作品的数字化副本的行为无法构成“合理使用”，这是因为，如果图书馆以侵权的方式使用数字化副本，但不能保证其安全使用，则原作品可能会因为黑客的侵入而免费流向市场。

尽管原告对谷歌公司和图书馆之间的合作充满了不信任，但这些合作本质上就是每个参与的图书馆都与谷歌公司签订了协议，同意谷歌向其提供每本书的数字化副本，以便图书馆可以非侵权的方式合理使用这些馆藏作品的数字化复制件。图书馆拟将数字化副本用于谷歌向公众提供上述服务，法庭认为其构成"合理使用"。在 Hathitrust 案中，法庭也将此类服务判定为"合理使用"。谷歌和各个参与的图书馆之间的协议都列明了馆方的责任和义务，要求馆方必须在不违反版权法的情况下使用数字化副本，并且必须采取预防措施防止其数字化副本大量进入市场。在这种情况下，谷歌为每个图书馆制作现有馆藏的数字化副本，使图书馆能够提供数字搜索服务，因为"合理使用"而不构成侵权。如果图书馆自己制作了馆藏副本来实现"合理使用"意义上的检索功能，那么数字化副本的制作也不会被视为侵权。同样的，图书馆没有自行制作馆藏的数字化副本，而是与谷歌签订协议,由谷歌图书馆利用其专业知识和资源为图书馆制作数字化版本，也不构成侵权。

如果图书馆有可能使用谷歌为其制作的数字化副本，从而对其构成侵权，则图书馆可能对原告承担侵权责任。并且，在此类诉讼中，原告还有可能会提供证据证明谷歌公司明确地知道甚至鼓励此类侵权行为，从而主张谷歌公司作为侵权方的协助者而承担责任。然而，目前为止的证据表明，图书馆滥用数字化副本的可能性纯粹是猜测，是基于臆断的推测，无法作为证据。图书馆可能会以非侵权的方式使用原告作品的数字化副本，也可能会以侵权方式使用，没有任何确切的证据证明谷歌公司因帮助了侵权方而承担责任。除此之外，还有另外一种情况是，图书馆可能会因对数字化副本的疏忽大意或者处理不当，使得这些数字化副本不合理地暴露在黑客面前，从而承担责任，但这也仅仅是一种臆断的可能性。法庭认为，谷歌为参与这个项目的图书馆合法地制作了数字化副本，使其能够以非侵权的方式使用其数字化副本，目前并没有证据支持谷歌公司应对此负责。而原告主张的图书馆可能不能按合同约定去履行责任，未能充分保护好数字化副本而使其遭受到黑客的攻击也只是一种猜测。原告没有提供任何证据证明谷歌公司应该为其合作馆"合理使用"图书馆书籍的数字化副本负责。综合法庭考虑，该项目的合作图书馆有必要注意以下两点：一是合作图书馆必须以合法方式使用谷歌公司为其制作的数字化副本，避免滥用数字化副本的可能性；二是图书馆必须充分保护并妥善处理这些数字化副本，不能使它们不合理地暴露于黑客的攻击之下。

④是否影响原作品潜在付费许可市场

在谷歌数字图书馆项目案中，法庭认为，判断是否“合理使用”最重要的因素是衡量复制和利用对原作品市场或对原作品版权价值的危害。法庭在 Harper & Row Publishers 一案中评论道，第四个要素即衡量二次利用对原作品市场或者原作品版权价值的危害，毫无疑问，这是“合理使用”考虑因素中最重要的一个。这符合版权作为一种商品化权利的性质，版权就是为了确保作者可以从其作品的排他专有权中获利[93]。

原告试图通过引用数字作品中存在或可能存在的付费许可模式来支持自己的演绎权主张，例如由版权结算中心提供的平台，或者由谷歌公司之前的非公益性合作伙伴计划提供的平台。原告还指出，本案中拟议的和解被地区法院驳回，根据此协议，谷歌应当向作者支付使用他们作品数字化副本的费用。法庭认为，现存或者可能存在的付费许可机制不能支持原告的演绎权主张。原告所引用的以付费许可的模式涉及的原作品表达性内容的范围，远远超过谷歌搜索和“片段浏览”功能所提供的内容。这些付费许可的模式允许公共用户阅读图书的实质性内容，如果没有得到权利所有者的许可，这些使用很可能构成版权侵权。但这个机制和本案中谷歌的数字图书馆项目并无联系，因为谷歌数字图书馆项目是允许公众以一种不侵权方式获取相关作品内容的有限信息，而不会存在任何对文本的实质性阅读。

原告还试图通过引用针对数字化图书部分浏览的免费许可市场来支持他们的演绎权诉求，例如出版商目前许可谷歌合作伙伴计划和亚马逊书内搜索项目展示他们图书中的实质性部分。原告认为，替代版权所有者授权的类似服务，即使是免费的，也会损害原作品市场。然而，在原告所引用的证据中，受争议的二次使用是对其表达性内容的再传播，并不是传播有关原著的信息，这些信息的传播不受版权保护。这些判例不能支持原告的主张。

## 三、我国“合理使用”制度的完善

谷歌数字图书馆的版权纠纷同样也波及我国，但我国法院的判决与美国法院却有很大的不同。在谷歌图书馆案件中，多位中国作者的作品未经授权就被收录于谷歌图书馆的检索页面当中，并向读者提供片段阅读。先后有多名作者以个人或者集体的名义对谷歌图书馆提出了版权诉讼，法官只能依据我国现行的《著作权法》将其认定为侵权。究其原因，是我国《著作权法》采用了封闭列举式的方法来规定“合理使用”的适用情形。在我国，像谷歌图书馆这样的数字图书馆的行为并不属于“合理使用”范围。

目前，我国关于“合理使用”的立法制度已经明显跟不上时代的发展步伐，过于刻板僵化，无法适应社会新环境的情况，未能根据不同的时代背景及时调整著作权法所调整的各方面的利益平衡。在这个信息技术飞速发展的时代，“合理使用”制度的僵化将会制约数字图书馆的发展，从而影响整个社会文化、信息、知识的传播。

虽然我国是大陆法系国家，受到了大陆法系理念的影响，也多参照大陆法系的国家，但是在数字图书馆使用作品进行数字化服务的过程中，也可以尝试根据我国国情和司法实践，吸收不同法系的优秀做法。鉴于美国对谷歌图书馆的判例，依据数字图书馆使用作品用途的公益性，提升数字图书馆的诉讼地位，推动数字图书馆在法律的弹性空间内健康、有序、可持续地发展。对我国数字图书馆适用“合理使用”条款的立法弊端和司法问题进行解读和探讨，最终促进我国数字图书馆的健康发展，建立具有中国特色的著作权保护体系制度。

### 1. 优化“合理使用”制度的立法构造

数字图书馆发展的每一个环节都离不开立法政策和立法结构的调整。新中国成立以后，我国著作权保护制度日益完善，也对“合理使用”制度进行了深入探索，推动了我国科学文化事业的发展。然而，随着信息技术的飞速发展，著作权法“合理使用”制度已经无法满足数字图书馆的需要，有必要借鉴国外的立法制度和立法理念，从中国国情出发，结合实践中存在的问题对相关法律法规进行完善。以实践推动立法，以立法指导实践，有效平衡新形势下著作权人的合法权益与社会公共利益。

#### (1)明确“合理使用”制度的立法宗旨和价值导向

我国“合理使用”制度的立法构造需要优化完善，并逐步扩大合理使用条款的适用范围。首先需要明确“合理使用”制度的立法宗旨和价值导向。从本质上讲，“合理使用”制度是著作权人的私权和社会公共利益之间平衡的产物，“合理使用”制度的目的就在于实现著作权人和社会公众之间的利益稳定与平衡。“合理使用”制度的立法宗旨应着眼于维护这一对关系之间的平衡来展开。特别是随着数字、网络和信息技术的飞速发展，维护著作权人的个人利益和公共利益之间的平衡越来越困难，出现了越来越复杂的新形势，对著作权法提出了新的要求与挑战。因此，在新的背景下，著作权立法也应当审时度势、权衡利弊，维护著作权法的平衡作用。有必要对“合理使用”制度进行扩展和延伸，尽力避免任何一方的利益受到不合理的限制和压缩，并为“合理使用”的司法实践提供法律依据。

有必要在著作权立法中添加立法目的相关条款，并指名著作权法的立法目的是维护著作权人和社会公共利益之间的利益平衡，以此来推动社会精神文明建设、促进科技文化的发展，从而为司法实践中“合理使用”制度的目的性分析提供法律依据。除此之外，还可以在著作权法立法的权利限制相关部分中新增一条有关"合理使用"制度立法目的和立法功能的一般性条款，说明为了维护公平和平衡著作权人个人利益和社会公共利益，在法定情形之下，可以对作者的个人利益进行必要的限制。

（2）将"规则主义"与"因素主义"相结合，明确"合理使用"一般条款和特殊条款之间的关系和适用规则

英美法系普遍采用"因素主义"立法模式，对"合理使用"制度进行了更加开放和灵活的规定。我国应借鉴英美法系开放式的"合理使用"制度立法模式，与我国现行的著作权保护体系相结合，制定出符合中国国情的"合理使用"制度。著作权立法体系中的"合理使用"制度包括一般性条款和特殊条款。一般性条款是总括式的规定，是为了达到司法适用的目的，对"合理使用"制度的判断方式进说明、解释和规定，例如"三步检验法"和"四要素"等规定。一般性条款保证的是除了法定情形之外，符合"合理使用"制度的立法目的和价值导向的其他特殊情况。而具体规则是对适用"合理使用"制度的具体情况进行的列举。

随着社会、经济、文化和技术的进步，单纯的"因素主义"或者"规则主义"立法模式都存在着自身的问题和缺陷，已经无法满足社会的需要。单一的"规则主义"立法模式容易使法律僵化封闭，无法适应新的社会形势；而单一的"因素主义"立法模式虽然高度灵活，但在司法实践中也会出现难以平衡和自由裁量过度的问题。因此，应整合"合理使用"制度中"因素主义"和"规则主义"两种立法模式，将两种方式的优点结合起来。因为我国的著作权保护制度既需要一般性的指导条款来增加"合理使用"制度的弹性和开放性，又需要具体列举可适用的规则来维持法条的清晰度和明确性。只有这样，我们才能应对科学技术的飞速发展对数字图书馆和著作权立法所带来的冲击。因此，我们既要在法律条文中封闭列举"合理使用"制度的具体适用情形，发挥"规则主义"的优势，便于援引；又要在法条中规

定“合理使用”适用的一般性原则、目的和条件，以充分发挥“因素主义”的高度灵活性，增强法律条文的适用性。将列举具体情况的特殊条款和一般条款综合起来，完成从单一的“规则主义”立法模式向“综合主义”立法模式的转变。

目前，虽然第三次修订著作权法时在“合理使用”的相关法条中加入了“其他情形”四个字作为兜底，希望增加“合理使用”制度的灵活性。但是，此处规定的“其他情形”还是需要接受原有的“三步检验法”的检验才能够适用，因此，这仍然是对合理使用条款适用条件的限制。从单纯的“规则主义”向“综合主义”立法模式的转变绝不仅仅这么简单。虽然以“其他情形”作为兜底是现代立法限制权利的普遍做法，但是对“合理使用”制度适用情况需要进行更加明确的概括说明。2011 年，我国最高人民法院发布的《关于充分发挥知识产权审判职能作用　推动社会主义文化大发展大繁荣和促进经济自主协调发展若干问题的意见》（简称《知识产权审判指导意见》）中就指出，在促进技术创新和商业发展确有必要的特殊情形下，可以将英美等国的“四要素”主义与传统的“三步检验法”相结合来判断是否可以“合理使用”制度的情形。有必要使用“半开放”式的立法模式，即将“合理使用”制度适用的情形写入一般性条款，并且不规定“合理使用”制度适用的具体情况，而是列举“合理使用”制度的适用目的，比如出于个人学习、研究、教学或者时事报道等目的时，自动适用“合理使用”制度。此外，针对一些特殊组织机构适用“合理使用”制度的情况，著作权法中可以做出单独的特别规定。比如美国版权法不仅对“合理使用”制度做出了一般性的规定，还专门为图书馆等公共组织列出了适用“合理使用”制度的主体资格、类型、条件、范围、权利、义务和侵权责任等[94]。这些特别规定对一般性规定进行了补充，通过对不同类型的主体进行区分，并进行特殊规定，为司法实践提供了办案依据和指导，增加了法条的适应性和灵活性。

因此，我国应当借鉴英美法系中关于“合理使用”制度的优良经验，结合实践情况，综合两种立法模式的成功经验，在我国国情的基础上深化“合理使用”制度的法律结构改革。适当地利用其“因素主义”的立法理论和司法实践，对我国著作权保护体系中的“合理使用”制度进行设计和更新，解决我国现阶段“合理使用”制度过于僵化和封闭的问题，形成一个司法适用的双轨解释规则，创立一个有中国特色的“合理使用”制度立法规则和解释方法。同时，也要注意英美法系的“合理使用”制度的弊端，尽量避免因过于抽象和开放而导致的适用不当的情形。

（3）扩大“合理使用”制度的适用情形

虽然我国《著作权法》第三次修订时在“合理使用”情形中增加了“其他情形”的规定，貌似增加了“合理使用”制度的开放程度，但是并未对该条款进行解释和说明，实际意义不大。从原有的封闭性条款走向开放规定的道路不是一朝一夕就能完成的，需要一个漫长的立法过程。具体到图书馆的“合理使用”适用情形。目前，我国著作权保护体系中规定的图书馆适用“合理使用”的情形主要有以下几条：我国《著作权法》（2020 年修正）第二十四条中规定：“在下列情况下使用作品，可以不经著作权人许可，不向其支付报酬，但应当指明作者姓名或者名称、作品名称，并且不得影响该作品的正常使用，也不得不合理地损害著作权人的合法权益……（六）为学校课堂教学或者科学研究，翻译、改编、汇编、播放或者少量复制已经发表的作品，供教学或者科研人员使用，但不得出版发行……（八）图书馆、档案馆、纪念馆、博物馆、美术馆、文化馆等为陈列或者保存版本的需要，复制本馆收藏的作品。”在第六款的规定中，“翻译……或者少量复制”作品只适用于课堂教学或者科研，范围比较狭窄，建议其拓展到浏览数字资源和远程教育中，以便数字图书馆更好地应用[95]。而第八款中，规定图书馆为“陈列或者保存”版本的需要，可以“复制”本馆收藏的作品，此时可以不经作者许可，也不向作者支付报酬。在这个法条中，对于图书馆合理使用的目的规定得过于单一，因此，可以适当地扩充此法条的使用目的，对于“陈列或者保存”的需要，也需要相应地延伸至数字资源的在线检索和有限制的浏览，还可以扩展至学习、研究等目的。并且，因数字图书馆数字化馆藏资源，在此基础上提供给读者的检索和片段阅读，不应当构成侵权。此外，此条款中的“复制”应当扩大解释为图书馆对其收藏的纸质资源的电子化的复制过程，若这一过程不受“合理使用”制度的保护，数字图书馆的发展将举步维艰。此外，《信息网络传播权保护条例》第七条还规定图书馆、档案馆、纪念馆、博物馆、美术馆等可以不经著作权人许可，通过信息网络向本馆馆舍内服务对象提供本馆收藏的合法出版的数字作品和依法为陈列或者保存版本的需要，以数字化形式复制的作品，不向其支付报酬。然而，本条中的“本馆馆舍内”服务对象，将该规定的适用范围限制在物理场所，显然不适应网络时代的发展要求，因为在互联网环境下，数字资源突破了空间的约束和限制，从而增加了数字图书馆服务的灵活性，提高了其服务效率和服务质量。因此，“本馆馆舍内”这一用词也应该相应地进行更新和扩大解释，至少应当延伸至数字图书馆的局域网范围内，甚至是馆外通过远程访问方式使用的用户。

（4）优化和完善“三步检验法”

事实上，“合理使用”制度牺牲了著作权人的一部分合法权益，以满足社会公众对于作品的需求，因此，侵权的“程度”是考察“合理使用”是否“合理”的关键。对于合理使用，国际版权公约下的常见做法是使用“三步检验法”，即在特定情形之下，只要不与作品的正常使用相冲突，不会导致不合理的侵害著作权人的合法权益，就可以合理使用该作品。虽然“三步检验法”在国际版权公约中只是为了督促成员国遵守公约、履行公约的宣示性规则，但是在实践中，国际司法界普遍将其作为判断是否适用合理使用条款的具体标准之一。并且，在网络环境背景下，“三步检验法”作为著作权立法制度中的一般性指导条款，对其灵活性和适用性的要求日益强烈。在著名的Deckmyn案件中，法官指出“三步检验法”应当在网络环境下有新的发展，即第一步“某些特定情形下”不再限制于法条列举的法定情形，而是可以在必要时进行目的性的功能分析，根据具体情况进行判断，依照比例原则进行适用和解释。虽然我国著作权保护体系中也借鉴国际版权公约的做法，使用了“三步检验法”来解决我国《著作权法》中“规则主义”立法模式中的僵化问题。例如，在《著作权法实施条例》的第21条规定“依照著作权法有关规定，使用可以不经著作权人许可的已经发表的作品的，不得影响该作品的正常使用，也不得不合理地损害著作权人的合法利益。”其中，“依照著作权法有关规定”对应“三步检验法”中的第一条“在某些特定情形下”。但是，相较于国际版权公约的做法，我国的“三步检验法”的第一步就把其适用范围限制在《著作权法》规定的法定情形之下。只有符合了《著作权法》列举的“合理使用”的法定情形，才可以使用“三步检验法”。因此，我国著作权立法规定的“三步检验法”并没有改变我国著作权立法中“合理使用”制度“封闭主义”的立法模式，没有从根本上转变其列举式的封闭立法特点，也没有扩大合理使用条款适用的范围和情况。它仅仅是对封闭式条款的适用情况做了进一步具体的限制和说明，并进一步对“合理使用”制度的适用增加了新的限制。此外，“三步检验法”适用于数字图书馆建设过程中，第二步“不得影响该作品的正常使用”以及第三步“不得不合理地损害权利人的合法利益”都很难明确界定。因为数字图书馆的发展将不可避免地大量进行数字化复制、下载和传播作品，如何保证作品在这个过程中的正常使用、如何避免侵犯版权所有者的合法权益，都难以衡量和评估，没有具体详细的标准作为司法实践的基础。

从世界范围来看，随着信息科技的进步，采用“规则主义”立法模式进行“合理使用”制度规定的国家日渐意识到了缺乏灵活度的问题，因此，欧洲许多国家提出了进一步提升著作权法灵活度的要求。2008 年，关于著作权立法问题的《慕尼黑宣言》在欧洲诞生。它指出，虽然“三步检验法”为确定是否适用“合理使用”制度提供了依据，但是立法机构可以规定合理的开放性限制和例外情况，法院可以根据自身情况对“三步检验法”规定的情形加以修正，并进行类推适用，甚至可以创设新的限制适用或者例外情况。随后，2010 年的《欧洲著作权法典（草案）》进一步细化了“合理使用”制度的适用体例、限制和结构，增强了其弹性和灵活性，反映了当前法学界对“合理使用”制度开放的态度。

因此，针对这一问题，我国著作权立法中的“三步检验法”应进一步完善。第一，目前我国《著作权法》尚未对“三步检验法”中规定的关键词语进行详细的解释和说明，例如，不影响作品的正常使用中的“正常使用”，以及不合理地损害著作权人的权益中的“不合理地损害”，何种程度为“正常”，何种程度为“不合理”，都没有明确的标准，这就导致法官在裁量时的差别。因此，有必要在著作权立法体系中增加对类似关键词汇的描述、解释和说明，并发布相应的指导性案例来指导司法实践，增加“三步检验法”实践中的具体化操作规定。第二，针对“三步检验法”在数字图书馆实践中的应用，需要对相关的标准予以细分。例如，对数字图书馆复制、下载和传播的数量进行规定，将其控制在一个合理且必要的范围之内，并对数字图书馆复制的时间、地点等要素都做出详细说明，在立法技术上给予其一定的灵活度，以适应数字图书馆发展的速度和空间。第三，各地的立法机构也可以根据当地的实际情况制定数字图书馆的“合理使用”适用细则，并且“三步检验法”的完善应当与“合理使用”制度的公益性目的相结合，数字图书馆应当承担起监督和提醒的义务和责任。美国版权法规定，图书馆有义务提醒用户合理使用复制品，在决定是否提供相应作品的复制品之前，图书馆需要审查用户的具体情况。数字图书馆的“合理使用”具有公益性，其目的是传播知识文化，提升全社会的精神文明水平，满足公共利益的需要。图书馆作为公共服务的社会组织，应发挥监督用户合理地使用图书馆图书信息的作用，防止侵权行为的发生，最大限度地减少对作者合法权利的损害。最后，根据最高法院的指导意见，“三步检验法”可以与“四要素”原则相结合，只要作品的使用符合“四要素”原则，就可认定为满足“三步检验法”中的要求而适用“合理使用”条款的情形。

(5)限制排除“合理使用”的合同条款效力

目前，针对“合理使用”制度是否是强制性规定这一问题，学界尚无统一的答案。但是，数字图书馆在采购数字资源和服务的过程中，数字资源的维护、修改和控制权往往均由数据提供商把控，因此，数字图书馆处于弱势地位。为了确保“合理使用”条款在实践中的实施效果，协调著作权人、出版商以及数字图书馆之间的关系，维护“合理使用”条款在数字图书馆发展中的公共效益，应当合理限制排除“合理使用”的合同条款效力。若数字图书馆在与版权方签订的采购或者服务合同中，存在排除“合理使用”适用情形的条款，应属于无效条款，无法通过合同条款来排除。这样一来，才能保证“合理使用”制度在数字图书馆建设中发挥应有的作用，避免公共权益受到损害，有助于发挥数字图书馆在推动社会精神文明建设中的重要作用。

2. 允许适度的司法干预

“合理使用”制度的实施效果不仅取决于立法层面，还受到立法与司法之间互动的影响。允许适度的司法干预也是实施“合理使用”条款的一个重要环节，这是因为法律条文不能预测和涵盖实践中的所有情况，在实践中仍然需要司法机构来进行判断和裁量。运用柔性司法来补充刚性立法，弥补立法上的不足与缺失,从而更好地平衡著作权人和社会公众之间的利益。

在实践中，许多国家的司法机构对“合理使用”制度有自己的理解。

例如，美国除了《版权法》中规定的“四要素”之外，是否存在主观上的恶意、是否符合行业的习惯，以及是否会促进社会发展等因素，都会被纳入法官对是否适用“合理使用”制度的考量之中；英国则鼓励法官根据侵害人利用作品的目的、动机，以及作品被侵害部分的重要性、是否存在对作者权利的实质性侵害，在具体的案件中做出判断与裁量[96]。欧洲司法界针对著作权立法中的“合理使用”条款也明确了态度：各国法院有权根据具体情况以合理的比例对“合理使用”的限制与例外情况做出灵活的解释和自由裁量，从而平衡著作权人的私利和社会公共利益。

2011 年 12 月 16 日，我国最高人民法院在《知识产权审判指导意见》中明确提出，著作权立法中的“合理使用”制度问题可以通过司法政策的指导性干预来缓解法律闭合难题，妥当运用著作权的限制和例外规定，正确判定被诉侵权行为的合法性，促进商业和技术创新，充分保障人民基本文化权益。在司法实践中，我国各级法院都打破了著作权立法中对“合理使用”制度的封闭性限制，采用了扩张性解释，根据“四要素”学说，结合“三步检验法”，根据具体情况做出了司法认定。然而，如前文所述，我国的“三步检验法”不仅没有扩大“合理使用”条款适用的条件，反而增加了限制。在实践中，司法适用“三步检验法”实际上并没有充分的法律依据。因此，我国司法介入的方式是否合理，以及如何确定司法自由裁量权的限度等问题还有待探索。

目前，在“因素主义”和“规则主义”两种立法模式下，两者都对司法与立法的良性循环持肯定态度，并积极推动两者之间的相互联系。但是在我国的司法实践中，司法机构往往更加倾向于认定图书馆的侵权行为，图书馆想要适用“合理使用”条款，往往需要证明自己只提供链接，并经权利人提醒后及时删除或者断开链接。到目前为止，唯一判定数字图书馆属于“合理使用”的案件中，该数字图书馆使用了严格的技术措施，仅在学校内部传播相关作品的信息，把传播范围限制在校内，因此，法官认定其不构成侵权。

### 3.“合理使用”制度中的转换性使用

转换性使用为构建数字图书馆“合理使用”体系提供了新的思路和方法。与传统的“合理使用”方式相比，转换性使用不仅仅是对原作品的简单使用，还包括对原作品的添加、修改和转换，并在这个过程中完成了转换和使用，这种不同于传统的“合理使用”方式，统称为转换性使用，它是一种全新的数字作品使用形式[97]。转换性使用不构成对原作品的侵权，而是该作品使用者的权利之一。既然不构成侵权，并且是作品使用者的合法权益，这种行为也应属于“合理使用”的范畴。除此之外，转换性使用的目的是更好地维护著作权人的专有权与社会公共利益之间的平衡，符合著作权法“合理使用”制度的立法宗旨。在实践中，许多数字图书馆频繁地利用数字和网络技术对作品进行传播和复制，就可以利用转换性使用制度来免除数字图书馆的侵权责任。

转换性使用起源于美国。在 1994 年美国的 Campbell 案中，法官认为被告并不是简单地使用原作品，而是为了达到讽刺和评论的目的对原作品进行补充和修改。它赋予了作品新的表达、内容和意义，既不会取代原作品，也不会威胁到原作品的正常使用，并且有助于社会公众了解新的内容和信息。因此，判定此种情况属于转换性使用，属于“合理使用”情形的一种，不构成对原作品的侵权。从 Campbell 案例中可以看出，判断转换性使用是否属于“合理使用”制度的关键因素是判断使用行为的目的、性质和对原作品的影响。在其他类似案件中，法庭也有相似的结论，当复制件服务于和原著不同的功能时，对于原著的完全数字化复制属于合理使用。在我国现行的《著作权法》中，“合理使用”制度是一项封闭的列举式规定，其规定的法定情形是否适用于转换性使用尚不明确。目前，仅能参考 2011 年最高人民法院颁布的《知识产权审判指导意见》中关于“四要素”

的合理使用判断方法。

一般来说，转换性使用可以分为内容性转换和目的性转换两种方式。内容性转换使用指的是使用者对原作品的内容、表达方式进行的修改或创新，包括对原作品的讽刺、戏仿等形式。而目的性转换使用指的是出于不同目的对原作品进行的复制和使用，即使原作品的内容没有发生变化，根据使用目的和效果的变化，仍然可以认定为转换性使用，这是一种广义的转换。无论是哪种形式的转换，都体现了使用者对原作品的创新，符合著作权保护制度所鼓励的精神，也起到了激励公众创作和保护公众利益的作用。

在数字环境下，这种对原作品的变革性使用，将为我国数字图书馆适用“合理使用”制度带来新的思考和启示。数字图书馆的特点是利用网络和信息渠道为读者提供信息与服务，它的多项工作和服务都需要借助网络传播途径和数字技术手段来开展，这必将使用、复制、转换和传播大量信息资源。但在此过程中，数字图书馆的发展却受到了传统著作权法“合理使用”制度的束缚，面临着侵权的风险。目前，我国《著作权法》只对“合理使用”制度的适用性进行了列举规定，极大地限制了“合理使用”制度在数字图书馆的适用空间，不利于数字图书馆的发展。转换性使用是解决这个问题的一个好方法，通过立法，使转换性使用成为“合理使用”制度中“其他情形”的兜底条款。它不仅符合现有“合理使用”制度的列举模式，维护了现有法律的立法逻辑，又增加了灵活度，扩展了“合理使用”制度在数字图书馆中的应用情形。这既发挥了立法对司法实践的指导作用，又以立法的原则性指导对自由裁量权进行了限制。

同时，转换性使用制度的建设不仅需要在立法层面上完成，更需要在司法层面上改善。将转换性使用引入“合理使用”制度，需要将判断其是否属于“合理使用”的具体工作从立法向司法转移，有必要结合指导性案例和司法实践，进一步对转换性制度的使用进行具体规定和详细解释。这已经在一些具体案例中得到了体现。2013 年，在北京谷翔信息技术有限公司著作权纠纷一案中，该公司向读者提供了作品原文的片段，法院认为北京谷翔信息技术有限公司并不是简单地使用作品原文，而是将其用于图书检索的目的，属于转换性使用的情形之一，因此构成对原作品的"合理使用"，不构成侵权。在这一案例中，该公司将原作品用于数字图书馆信息检索服务，这并不属于我国《著作权法》所列举的"合理使用"法定情形。但是，由于其对原作品进行了目的性转换，不影响原作品的使用，并产生了社会公共利益，因此被法院认定为目的性转换使用，构成对原作品的"合理使用"。法院的判决肯定了转换性使用，为后续数字图书馆建设中可能引发的著作权侵权案件提供了案例示范，对今后类似的司法裁判具有指导作用。

将转换性使用制度引入著作权立法和司法，兼顾了法律的确定性和灵活性。将数字图书馆的数字化工作和服务纳入"合理使用"范畴，降低了数字图书馆建设中版权侵害风险。有利于推动社会公益的发展，促进社会知识的进步，有效维护网络数字环境下的利益平衡，并推动我国数字图书馆的发展与改革。尽管转换性使用存在诸多优势，但也有必要对转换性使用的规则进行限制，防止过度使用以及其他损害著作权人专有权的行为，并避免因转换性使用而缩小著作权范围。

#### 4. 法定许可制度

建立数字图书馆的法定许可制度是很有必要的。在现有的著作权保护制度中，占绝对主导地位的是著作权许可制度，这是为了最大限度地保护作者的权益。然而，只存在一种版权许可模式过于单一和绝对，可能会降低公众获取知识文化信息的效率和速度，在作品和社会公众之间设置起无形的屏障。因此，作者对作品支配的权利自由应该受到一定的限制，法定许可制度应运而生。只有这样，作者权益才能与社会其他方面的利益和情况相协调，才能维持公共利益与作者私权之间的平衡。法定许可条款引入数字图书馆系统，有助于提高数字图书馆获取版权的效率，有助于作品的传播，并且可以约束数据库提供方，从而提升数字图书馆的诉讼地位，防止版权滥用，有利于社会公共文化事业的发展，维护公共利益。

著作权法中的法定许可制度是指在法定的特殊情形之下，使用者可以不经过著作权人的许可直接使用该作品，但是必须向作者支付报酬。法定许可制度虽然牺牲了著作权人的许可意愿，但是并没有损害著作权人的经济利益。世界上许多国家都根据其自身情况，规定了不同的适用法定许可制度的情形，制定了详细的收费标准和收费制度来维护作者的经济利益，例如美国规定了8种法定许可情形，法国规定了2种，德国规定了3种等[98]。作为一个发展中国家，在知识产权制度发展过程中，中国一直在追赶欧美等发达国家的知识产权保护水平。我国1990年《著作权法》中规定了5种常见的法定许可条款，包括编写出版教材、报刊转载、录音录像制品、广播电台或电视台播放等主体。2006年，在《信息网络传播权保护条例》中，我国首次将法定许可条款延伸至网络传播范畴，第七条规定："图书馆、档案馆、纪念馆、博物馆、美术馆等可以不经著作权人许可，通过信息网络向本馆馆舍内服务对象提供本馆收藏的合法出版的数字作品和依法为陈列或者保存版本的需要以数字化形式复制的作品，不向其支付报酬，但不得直接或者间接获得经济利益。当事人另有约定的除外。"第八条规定："通过信息网络实施义务教育或者国家教育规划，可以不经著作权人许可，使用其已经发表的作品……制作课件，由制作课件或者依法取得课件的远程教育机构通过信息网络向已注册学生提供，但应当向著作权人支付报酬。"但是，第七条中关于图书馆的法定许可条款中规定必须是"为陈列或者保存版本的需要以数字化形式复制的作品，应当是已经损毁或者濒临损毁、丢失或者失窃，或者其存储格式已经过时，并且在市场上无法购买或者只能以明显高于标定的价格购买的作品"。这一规定显然已经过时，在2013年的修订中也没有得到改进和完善。目前，我国法定许可制度主要是针对传统图书馆而制定的，显然不适应网络时代的快速发展。为了保护公众利益、发挥法定许可条款应有的作用，应当对其进行调整，构建数字图书馆环境下的法定许可制度。

法定许可制度在数字图书馆发展过程中可以发挥多种作用。这是因为数字图书馆的各种服务和项目都需要大量储存、复制和使用他人的作品，并且很难获得大量版权。而著作权法中的法定许可制度则可以为数字图书馆面临的这一困境带来解决方法。例如，许多图书馆已经推出了在线课程服务，这就需要使用他人已经发表的作品来制作课件。但是根据我国《信息网络传播权保护条例》，只有远程教育机构可以"制作课件或者依法取得课件"并获得法定许可，图书馆是否属于这一主体并不明确。再如，在图书馆馆藏数字化提供给读者阅读的过程中，不可避免地会涉及作品的复制、转换、储存和传播。目前，我国《著作权法》并未对图书馆提供的数字作品移动阅读行为进行认定。随着数字图书馆的发展，迫切需要扩大法定许可的使用范围。将数字图书馆纳入法定许可制度，可以减少授权、许可与谈判等中间环节，节省时间，提升利用效率，并且不影响著作权人应有的经济收益。

数字图书馆法定许可制度的建立是基于社会公共利益的考量。首先，它可以充分发挥著作权法的立法作用，维护著作权人、使用人和公众之间的利益平衡，使三方都受益。法律赋予使用者在法定条件下使用作品的权利，可以规范数字图书馆的行为，提升数字图书馆资源建设的效率；可以减少中间环节，增加著作权人的实际经济收益；还可以提升数字作品传播速度与范围，帮助公众获取作品，有利于知识文化传播，促进社会公共文化事业的发展。其次，法定许可制度的完善可以推动出版行业的发展。随着传统纸质出版业的没落和电子出版物的普及，立法规范数字图书馆版权问题的呼声日益高涨。将法定许可制度引入数字图书馆是数字时代的必然要求，也是解决数字资源版权纠纷的有效途径。完善法定许可制度，可以为日渐衰落的传统出版业注入一剂强心针，推动行业发展。最后，数字图书馆法定许可制度的建立还有利于图书馆发挥其社会效用。法定许可制度建立之初，就以自主、无害和有利原则的人道主义为基础，在自主的原则之上，法定许可制度并没有损害作者的著作权，相反地，法定许可制度还有助于实现社会公平、正义。比如2013年颁布的《信息网络传播权保护条例》中的农村网络扶助贫困法定许可制度，就是借助网络拓宽农村知识文化输送的渠道，促进农村的经济建设和精神文明建设。2020年是我国脱贫攻坚的决胜年，扶贫不仅要支持贫困地区的经济发展，更要提高贫困地区人口的文化水平和精神面貌。数字图书馆作为传播信息知识、建设社会公共文化的公益机构，在这一过程中扮演着重要角色。这是因为随着互联网技术的发展，数字图书馆可以突破时空的限制，让读者在任何地点、任何时间无障碍地使用其信息和资源，为互联网时代文化扶贫提供了便利。根据规定，如果作者不同意提供作品，图书馆就不可以向公众提供其作品。如果图书馆已经提供了该作品，并且作者提出了反对意见，则图书馆必须立即删除该资源并向作者支付费用。因此，在不损害经济效益的前提下，数字图书馆承担了一部分文化扶贫的人道主义责任，丰富了贫困地区人民的精神生活和文化生活，肩负起了文化扶贫的重任[99]。

建立数字图书馆的法定许可制度也存在诸多问题。第一，数字图书馆法定许可的适用范围很难扩大。这是因为它与我国加入的国际版权公约的规定不一致。我国加入的《伯尔尼公约》和《TRIPs 协定》中均没有关于数字图书馆法定许可的相关规定。虽然在我国《著作权法》颁布之初就规定了法定许可的内容，然而，在加入国际版权公约的过程中也对此做出了修订，缩小了法定许可的范围，并否定了作品的表演者和录音制作者的法定许可权。因此，法定许可制度扩大至数字图书馆的可能性不大。第二，法定许可条款在实践中难以执行。比如我国《信息网络传播权保护条例》中的农村网络扶贫条款："为扶助贫困，通过信息网络向农村地区的公众免费提供中国公民、法人或者其他组织已经发表的种植养殖、防病治病、防灾减灾等与扶助贫困有关的作品和适应基本文化需求的作品，网络服务提供者应当在提供前公告拟提供的作品及其作者、拟支付报酬的标准。”这是一项旨在文化扶贫的法定许可条款，为数字图书馆开展文化扶贫，向贫困农村地区传播知识和文化信息扫清了障碍，奠定了法律基础。然而，该法条还规定“自公告之日起 30 日内，著作权人不同意提供的，网络服务提供者不得提供其作品；自公告之日起满 30 日，著作权人没有异议的，网络服务提供者可以提供其作品，并按照公告的标准向著作权人支付报酬。网络服务提供者提供著作权人的作品后，著作权人不同意提供的，网络服务提供者应当立即删除著作权人的作品，并按照公告的标准向著作权人支付提供作品期间的报酬。依照前款规定提供作品的，不得直接或者间接获得经济利益。”这意味着该条款不具有强制性，著作权人有权提出异议。在实践中，受经济利益的驱使，许多著作权人并不愿意提供作品。此外，该法条的适用范围过于笼统和不明确，使得该规定难以施行。

法定许可制度还可以适用于孤儿作品、人工智能成果等方面，甚至比传统的版权许可制度更具优势。除了法定许可制度，网络环境的变革还催生了其他版权许可模式的诞生和发展，如默示许可制度。鉴于数字作品在网络环境下传播的快速性和广泛性，构建多种有条件限制的版权许可模式可能是解决图书馆著作权许可问题的重要途径。

# 第五章　数字图书馆著作权管理新趋势

数字图书馆既要实现其职能，向读者提供快速、便捷的海量信息以满足其需求，同时又要尊重知识产权，避免侵犯著作权人的合法权益，这在现实中是一个难以平衡和实现的问题。数字图书馆和著作权法看似是一对矛盾，实则有着相似的目标，即平衡公共利益和作者私人权利，进一步推动社会精神文明建设，促进科学文化事业发展。因此，协调好两者之间的关系，才能更好地发挥两者在科学文化信息传播方面的作用。然而，目前我国的著作权法保护体系已经无法很好地平衡数字图书馆和著作权之间的关系，甚至限制了数字图书馆的职能建设与发展，因此，有必要探索数字图书馆的著作权管理新趋势，以顺应社会发展的趋势，促进数字图书馆的建设和著作权保护制度的更新。

## 一、新技术是数字图书馆著作权管理中的“新武器”

信息技术的发展在推动社会进步的过程中发挥了举足轻重的作用。数字图书馆的发展离不开新技术的应用，著作权法的修订和完善过程中也不能忽略科技革新带来的变化与趋势。因此，新兴技术成为了数字图书馆著作权管理中的“新武器”。

数字图书馆的建设中，复制、传播、印刷、出版技术的不断变化提升了信息传播的效率，增加了便捷性。数据挖掘、区块链、人工智能等新兴技术的出现和发展，极大地改变了作品的创作和传播方式。但是也为侵权、剽窃等不法行为提供了机会，引发了一系列的法律问题。在实践中，许多数字图书馆过分依赖数据库供应商提供的平台和技术，受制于人，在合作中处于弱势。因此，数字图书馆也需要学习相应的技术资料和软件工具，增强自身的信息技术能力，采购相应的技术设备，对信息数据的使用和流通进行监控和跟踪，提高数字图书馆在合作中的法律地位，并利用技术手段及时发现、锁定和规避信息的不合理使用，提升抵御非法侵权的能力。此外，法律需要响应技术发展的需求，但也需要在一定时期内保持稳定，两者必须达到一种平衡状态才能实现法律效力，这就对著作权法的立法技术提出了更高的要求。著作权立法必须具有前瞻性，在使用专有名词描述具体的技术手段时，需要选择包容性强的词汇，使其可以直接应用于新产生的技术，或者以后通过解释、处理或司法解释的方式应用于新兴技术[100]。网络游戏、网络小说、网络节目、网络直播、原创短视频等新型创作形式所引发的著作权纠纷在实践中难以判定。著作权法在修订的过程中需要注重互联网思维，用发展的眼光看待问题，紧跟前沿技术的步伐，应对新兴技术与著作权保护制度之间的联系，在立法中充分地反映出时代的特征[101]。

### 1. 数据挖掘

数据挖掘技术指的是从海量数据中挖掘出有价值信息的过程[102]。数据挖掘技术将改变人们阅读、使用和研究信息数据的习惯，为科学研究提供全新的方式。数字图书馆在使用数据挖掘技术方面具有天然优势。这是因为数字图书馆往往存储着大量的信息和文献资源，可以利用其自身拥有的海量信息数据进行联合分析、预测和进一步研究与开发。在数据挖掘的过程中，数字图书馆往往涉及信息的收集、复制、存储、转换和开发等步骤，而每一步都涉及著作权法的相关内容。然而，我国现行的《著作权法》并未考虑到数据挖掘技术的适用情形，明显滞后，造成了许多问题。目前，已有许多国家积极维护数据挖掘的权利，在推动国内外立法上作出了积极尝试。

(1)“数据挖掘”是否属于“临时复制”和“改编”仍有争论

过去图书馆收集和复制信息的过程相对较短，这可以适用于当前著作权立法中关于“临时复制”合法性的法律依据。但在数据挖掘过程中，图书馆不仅需要“临时复制”数据，还需要对数据进行存储、转换等操作，这些操作的过程中需要消耗大量的时间，并不适用目前短暂的“临时复制”的相关规定，图书馆就可能成为复制权的侵权行为主体。此外，图书馆数据挖掘是否侵犯了著作权人的改编权也引起了争议。在数据挖掘的过程中，图书馆不仅存储和复制信息数据，而且还会对信息数据进行转换和开发。有学者认为这一过程是对作品的“改编”。根据我国《著作权法》(2020年修正)第十条规定，著作权人的改编权指的是“改编作品，创作出具有独创性的新作品的权利”。数据挖掘是否属于“改编”行为，应以其是否创作出了具有独创性的新作品来判断。目前，图书馆的数据挖掘行为虽然改变了原始数据信息，但通常只是对数据的格式进行了改变，并没有产生出具有独创性的新作品，因此并不构成对改编权的侵犯。

(2)图书馆用户也是潜在的数据挖掘主体

图书馆向读者提供的数字信息和数据资源可能被读者用于数据收集和大数据挖掘，这可能涉及侵犯著作权人信息网络传播权的问题。图书馆作为数据库的购买方，有义务告知和警示用户合理使用资源，防止用户对图书馆数字信息和数据资源的不合理抓取和挖掘。虽然目前很多数字资源权利人对自己的数据库产品设置了技术保护，防止用户对大量抓取、采集和挖掘数据的行为，但这增加了数据库的维护成本和使用难度，降低了数据库的用户体验。并且许多大数据挖掘和采集平台仍然可以通过技术手段来规避这些技术保护措施。

（3）当前“合理使用”制度过于僵化，不适用于“数据挖掘”

这是目前学界讨论得最多的问题。首先，我国现行《著作权法》（2020年修正）规定的“合理使用”制度的适用范围较为狭窄，仅规定图书馆出于“陈列”和“保存”的目的可以不经著作权人许可，不向其支付报酬。根据现行《著作权法》（2020年修正）的规定，“为学校课堂或者科学研究、翻译、汇编、播放或者少量复制已经发表的作品，供教学或科研人员使用，但不得出版发行”。但是数据挖掘行为需要复制和使用大量的、全体量的数据，因此，这一规定也不适用于数据挖掘技术。究其原因，是我国采用了“规则主义”立法模式，使得“合理使用”制度相关规定封闭僵化，在实践中难以适用。虽然我国引入了“三步检验法”，但仍未突破法律条文的封闭性规定，在实践中仍无法为数据挖掘技术提供法律依据。此外，为了防止图书馆信息资源被恶意抓取和复制，许多数字资源权利人都设置了技术保护措施。虽然我国法律明确禁止对权利人设置的技术措施的规避，但是在数据挖掘技术的实现过程中，有时必须要对目标对象进行抓取和复制，为了实现这个目标，不得不规避技术措施的限制，形成了一对不可调和的矛盾。现阶段已经有许多国家都将数据挖掘列为适用“合理使用”制度的情形之一。例如，美国使用转换性制度，在司法实践中承认数据挖掘是“合理使用”的行为，同时，英国等欧洲国家已经在立法中明确了数据挖掘“合理使用”的性质和地位。目前，我国的知识产权保护体系中并未将数据挖掘技术纳入“合理使用”的范畴，导致实践中出现了许多不可调和的矛盾，引发了许多争议，这不利于我国高新技术产业的发展，也限制了数字图书馆的建设和进步。

数据挖掘技术作为科研利器，许多研究者也在努力争取数据挖掘的权利。版权许可协议曾被提出可以解决数据挖掘技术的版权问题，然而，在版权许可的核心问题上，相关主体却很难达成一致。从国际实践经验来看，构建完善的“合理使用”制度更能够有效解决数据挖掘技术和著作权法之间的冲突与矛盾，这就需要充分考虑著作权人和研究者之间的利益平衡。首先，“合理使用”制度的主体应延伸至图书馆等非自然人主体，但也应对主体资格加以限制，避免侵权行为的发生。其次，将数据挖掘技术“合理使用”的目的限定于科学研究。目前，对于“合理使用”数据挖掘技术的目的，国际上还没有统一的规定。由于拥有司法转换性制度，美国对数据挖掘的“合理使用”目的没有限制，无论是商业目的还是非商业目的；而英国则明确数据挖掘“合理使用”只能应用于非商业目的。在中国，数据挖掘“合理使用”目的不应设置得太宽泛，也不宜将其仅限于非商业目的，因为科学研究可能被用于商业目的，数据挖掘的目的限制在非商业范围可能会阻碍相关科研项目的发展。因此，建议我国将数据挖掘“合理使用”目的明确地设定为“科学研究”，并鼓励相关科学研究的创新。最后，在图书馆与数据库供应商签订的数据合同中，权利人不得限制图书馆的数据挖掘行为，若有此类条款，应判定无效。

### 2. 区块链

区块链技术是一种以共识机制、数字签名、加密算法和分布式记账为核心的互联网新型技术，具有公开化、透明化、易追踪、不可篡改、安全性高等特点。区块链技术已经广泛应用于各个领域。近年来，区块链技术受到了社会各界的追捧，其发展也为数字图书馆的著作权管理模式创新提供了契机，并在数字版权保护领域显露出极大的潜力，如何将区块链技术应用于著作权保护是当前图书馆研究的主要问题之一。

随着科学技术的发展，网络环境下的盗版等侵权行为越来越频繁和隐蔽，而区块链技术可以利用其在数字环境中的特点，有效地保护著作权人的权利。具体来说，当作品进行版权注册时，区块链技术可以用来方便地记录和存储来自多个节点的元数据，如权利人的个人信息、时间戳和文本信息等；当作品进入使用或流通环节时，区块链技术也会忠实地、自动地记录相关作品所有的使用和交易痕迹，不易被篡改；当作品的版权需要确认和授权时，可以使用区块链的电子签名和加密技术，版权信息只需要权利人用私钥签名，使用者用公钥进行验证即可，利用技术优势对版权信息进行验证，不仅提高了工作效率，而且安全性也得到了保障[103]。此外，在数字图书馆的建设中，区块链技术还可以对慕课（MOOC）等新型信息素养教学模式的版权保护发挥重要作用。目前，国内外许多专家学者对区块链数字版权保护进行了探讨，许多机构也进行了实践，尝试研究开发基于区块链技术的版权保护系统，希望探索出一条灵活、快速、安全、高性价比的版权保护新路径。现阶段的区块链数字版权实践项目主要集中在向著作权人提供权属证明，以及为著作权人提供自助发行和结算服务上，还有多个机构尝试建立以“区块链+版权”为基础的知识产权服务平台，比如国外的DECENT、Blockai和国内的亿书、纸贵等，为组织和个人提供数字作品创作、存储、分享的版权保护服务，中国版权保护中心作为中国最权威的版权机构，也利用区块链技术将其嵌入到DCI体系中[104]。

然而，区块链技术在数字版权保护中的应用还不成熟，存在着诸多问题。第一，区块链自身的技术问题难以解决。区块链技术虽然具有分散化、透明化和安全性高等技术优点，但同时也存在着大量数据更新时间长、大量数据延迟等技术问题，以及分布式存储功耗高、对网络要求高等技术门槛。第二，区块链技术目前缺乏统一的法律规范和技术标准，这使得区块链技术的应用缺乏相应的管理和约束，容易导致混乱和纠纷，影响其技术优势的发挥，不利于区块链技术的可持续发展。第三，虽然区块链技术可以在一定程度上缓解数字图书馆发展中遇到的版权问题，解决一部分版权纠纷，但单纯的技术措施并不能解决所有问题，侵权者仍然可以通过相应技术手段来规避区块链版权保护措施。

因此，为了发挥区块链技术在数字图书馆版权保护中的作用，应采取以下措施推动区块链技术在数字图书馆中的应用和实践，提高数字图书馆的版权保护能力。首先，要加快区块链相关技术相关规范的制定，包括区块链技术的技术标准和应用标准两方面内容的规范和管理。虽然我国已于2016年发布了《中国区块链技术和应用白皮书（2016）》，并于2017年发布了《区块链技术和分布式账本技术参考框架》，但这些仅是基础的技术标准，还远远不够。在未来，我们需要与国际接轨，积极参与国际区块链技术和标准的制定，并与相关国际机构共同研究、合作和交流，力争区块链技术标准制定的高地。特别是要推动建立完善统一的数字图书馆区块链技术标准和应用标准，规范区块链技术在具体机构和服务中的应用。其次，区块链技术在数字图书馆中的应用离不开相关法律法规的完善。立法是基础，立法是保障，只有完善相关法律法规，才能为区块链数字版权保护提供相应的法律依据；只有保证其合法性，才能够保障基于区块链技术储存和交易的数字作品的合法权益，才能提升数字版权保护力度，减少数字侵权事件的发生，规范基于区块链技术的数字出版产业的健康发展。因此，我们不仅需要从发展的眼光看问题，使立法跟上技术更新的脚步，保持对区块链技术更新发展的关注，联系实践中出现的新的数字版权保护问题，调整和更新相应的法律法规，而且要考虑到数字图书馆的法律地位、性质和特点，针对其业务中的特殊性，制定出较为清晰、详尽和全面的法律法规。最后，虽然区块链技术已经在许多行业中得到广泛应用，但它仍然处于起步阶段，研究和应用的门槛较高。目前，基于区块链技术的数字图书馆研究和应用还处于相对较浅的水平，相应的研究人员对区块链技术的认知水平也不高，缺乏相应的计算机技术知识。并且，区块链技术综合了多项计算机领域的基础技术，其自身的技术问题需要进一步更新，因此，计算机、图书馆、知识产权等多个领域的相关专家、学者有必要积极开展合作，同时，要加强具有多项专业知识的跨学科人才培养，深入探索区块链数字图书馆的研究与应用，不断关注区块链技术的研究和发展趋势，才能够为区块链数字版权保护的发展提供强有力的理论支持和实践依据。在未来，我们应当立足于区块链技术的理论知识和实践经验，探索和构建降低数字图书馆版权风险的途径和方法，进一步减少图书馆的版权纠纷，提高数字图书馆的版权保护能力。

### 3. 人工智能

人工智能技术给著作权法带来了诸多挑战，成为著作权法领域研究的焦点。人工智能作为目前最具颠覆性的科学技术，可以独立、自动地生成文学、音乐、绘画等作品，其表现形式与自然人作品的表现形式并无不同，依法保护人工智能作品的创作、传播和使用势在必行。然而，现行的著作权立法体系是以传统的自然人作品为基础的，在人工智能作品的适用上依然存在许多问题。目前，人工智能作品的著作权争议主要集中在三个方面，一是人工智能作品是否具有“独创性”的特点；二是对人工智能作品的权利归属；三是人工智能著作权侵权问题。

#### (1)人工智能作品是否具有“独创性”

关于人工智能作品是否具有“独创性”，学界有不同的看法。从公共利益的角度来看，有学者认为人工智能作品属于公共财产，不是“原创的”，不具备“独创性”，没有版权，也不受著作权法保护。因为他们认为人工智能成果是基于固定的程序和算法生成的，既不具有独创性，也不属于人类的自然创作，虽然在外观上与自然人作品相似，但缺乏人格内涵[105]。在实践中，很多司法人员在处理人工智能著作权纠纷案件时也持有这样的观点，但这样一来，人工智能作品的合法利益得不到保障，将降低开发人员的创作热情，这与著作权法鼓励创作的立法宗旨相违背，从长远来看，这将损害人工智能产业的健康发展。也有部分学者承认人工智能作品具有“独创性”，认为其享有著作权，属于著作权法的调整范围。理由是人工智能作品是按照自然人所设计的程序和模板进行创作的，这些算法、程序和模型也是人类智力成果的体现，人工智能作品从本质上来说也是通过人类的智力创作而获得的，具有一定的独创性。认可人工智能作品知识产权能够鼓励创作、造福社会，促进知识文化繁荣，推动科学技术发展，激励人工智能产业的可持续发展。

（2）人工智能作品的权利归属

虽然很多学者都承认人工智能作品享有知识产权，但关于其归属问题一直存在争议。目前，有两种主流理论：第一，“开发者理论”认为，现阶段的人工智能技术是“弱人工智能”，人工智能作品的创作归根结底是由程序开发者所编写的程序产生的，体现了程序开发者的思想成果。因此，人工智能作品的著作权人应该是该程序的开发者，这样可以激发开发者的创作热情，鼓励科技人才创新。第二，“投资者理论”认为，人工智能作品的知识产权应当归属于投资开发本程序的投资者。这是因为人工智能的开发往往依赖于企业组织，需要大量的资金投入，如果将人工智能作品成果归属于投资者，将会激发企业和组织的研究热情，促进人工智能经济的发展。

（3）人工智能著作权侵权问题

在人工智能作品的创作过程中，需要输入大量的相关数据，比如人工智能程序自动创作文学作品时，首先需要输入大量的文学作品信息，然后再对这些数据进行处理、挖掘和运算，为后续的产出提供数据基础，在这个过程中，可能会涉及侵犯知识产权的问题[106]。人工智能技术往往会与其他技术一起使用，在创作过程中经常还会涉及“大数据”技术的侵权问题。关于人工智能作品，还有诸多需要著作权法解决的问题，比如数字图书馆对人工智能作品的收藏、传播和使用问题，人工智能作品的版权转让问题，“合理使用”制度的适用等问题。

## 二、数字图书馆著作权创新模式探索

### 1. 数字图书馆著作权授权模式创新与发展

信息传播与著作权保护的矛盾是制约数字图书馆发展的主要因素之一。在专门的数字版权立法出台之前，数字图书馆仍在著作权法的调整范围之内，因此，数字图书馆收藏、传播和使用他人作品时必须获得版权所有者或者作者的授权，并且图书馆对作品的版权需求量非常大，如何快速准确地获取大量作品的版权或者使用授权，是影响数字图书馆发展的重要问题。数字图书馆版权管理的发展，离不开著作权授权模式的探索和创新，多元化、灵活化和标准化是未来积极探索数字图书馆版权管理的方向和原则。

(1)集体授权与集体管理组织模式

现阶段，数字图书馆的版权授权模式主要是作者单独授权模式，但对单个作品进行单独授权是非常麻烦的，因此，一些大型组织机构开始考虑版权集体授权模式。数字图书馆版权集体管理组织模式是指由一个大规模的版权集体管理组织与多个著作权人签订协议，受其委托由该组织将作品数字化并通过网络提供给其他机构或个人，代替著作权人行使著作权及其相关权利，并由著作人享有报酬的模式。集体授权管理模式的优势十分突出，它是连接著作权人和数字图书馆的纽带，为双方带来了便利。一方面，著作权人不需要自己处理烦琐的授权事务，通过著作权集体管理组织就可以获得报酬；另一方面，数字图书馆不需要与每位作者单独联系，不需要一对一授权消耗高额的人力、物力就可以批量获得作品授权，节约了成本，提升了授权效率。并且，网络技术的发展为这种授权模式的发展提供了契机，通过网络，著作权集体管理组织可以更好地实现自身的目标和效益。

用集体授权来解决大批量的著作权授权问题有着巨大的潜力，目前，该模式已经在世界上许多国家进行了实践，并取得了良好的效果。类似的做法在国际上也被广泛采用，通过一些大型企业和组织，实现了大量获取著作权人授权的目标，为我国提供了借鉴。例如，挪威开展了“数字书架”（The Bookshelf）项目，根据该项目，挪威出版的 2000 年以前超过 250 万种纸质图书都将被数字化，上传至互联网供读者使用。由于所涉及的书籍规模巨大，为了解决如此大体量图书的版权授权问题，挪威建立了相应的版权集体授权管理机构，通过集中授权成功地解决了上百万图书的版权授权问题，并且通过相关法律法规的保障、明确清晰的项目执行、合理的工作机制以及明确的授权协议，使得该项目取得了成功，这一成功经验值得我们借鉴，为我国集体授权模式的探索提供了启示[107]。在我国，超星数字图书馆也是著作权集体授权模式的代表项目。超星数字图书馆和超过 30 万的作者签署版权授权合同，由公司将作品数字化并放入超星数字图书馆中供大众阅读和下载，为此，超星数字图书馆专门组建了一支专业的法律团队来处理版权事务，投入了大量的人力、财力和物力，才取得如此大规模的作品授权[108]。

目前，我国已经建立了著作权集体管理组织模式，并在 2004 年 12 月 28 日公布了《著作权集体管理条例》，对著作权集体管理组织的定义、结构、设立、经营以及法律责任等事项做出了详细的规定，为广大著作权人维护自身利益，处理版权纠纷提供了法律保障。然而，虽然我国现行《著作权法》（2020 年修正）第八条中规定了关于著作权集体管理组织的相关内容，明确了著作权集体管理组织的法律地位和法律性质。但是，在实践中，数字图书馆使用著作权集体组织进行授权管理的例子非常少，只有极个别的图书馆尝试过。目前，著作权集体管理组织大多是公益性的、非营利性的，例如 1992 年成立的音乐著作权协会，1998 年成立的中国版权保护中心等，这些机构在著作权管理工作中只收取极少的管理费用，其运营基本上是非营利的。然而，我国著作权集体管理组织还处于起步阶段，运行管理机制不太规范、明确，并且可能存在着垄断、维权艰难等问题，亟待解决。在未来，著作权集体管理组织模式将成为解决数字图书馆著作权问题的重要途径之一，各类图书馆都应积极开展创新管理模式和制度的探索。图书馆可以与著作权人、出版商和著作权管理部门合作，共同搭建统一的版权登记授权平台，快速高效地进行著作权登记和授权。此外，各方可以共同协商以制定相应的版权使用价格标准和收费制度，建立多极的、动态的版权补偿机制。

（2）要约授权模式

著作权的要约授权模式指的是著作权人在作品发表的时候，就将该作品合法授权的使用范围、方式、报酬等内容标明，图书馆不需要联系作者再次就已经明确标明的问题进行沟通。一般来说，要约授权模式具有一定的公益性质，有助于提升作品的传播速度，扩大作品的传播范围。但是要约授权模式也存在着一些问题，如灵活性不高、执行困难、侵权隐蔽性高等，而且这种模式往往基于著作权人的个人意愿，应用并不广泛，难以推广。

（3）开放存取资源（Open Access）模式

开放存取（Open Access，简称 OA）资源，指的是那些提供给社会公众免费获取的信息和资源。这为用户提供了一种新的学术交流共享机制，即在作者授权的前提下，利用互联网为所有用户免费共享和传播学术信息与成果。开放存取（Open Access）模式立足于社会公共利益，该模式建立的初衷是让学术成果在世界上任何地点都可以免费、平等地获取，这是学术界、出版界和图书馆界达成共识的重要成果，它的产生与发展可以促进学术研究成果的广泛传播，推进学术交流与合作，有助于全人类学术和科研事业的发展和进步。开放存取资源的使用可以有效规避作品授权问题和版权纠纷的风险，能够很好地平衡个人和公众利益。在发展和转型的过程中，数字图书馆需要积极探索开放存取资源的利用与整合，创建开放存取资源数据库、数据平台，深入挖掘其附属功能，对开放存取资源进行充分利用与开发，进一步提高数字图书馆获取信息资源的效率。然而，从目前的实践经验来看，开放存取资源模式并不能实现完全的免费，组织的建设和管理仍然需要投入成本。

（4）补偿金模式

为了提高数字图书馆版权授权的效率，降低数字图书馆的建设成本，基于公众借阅权的补偿金模式是目前学术界正在研究和探讨的一种新型数字图书馆版权授权模式。补偿金模式是一种对著作权人的补偿措施，当著作权人的作品被大量复制和用于非商业目的，且很难对著作权人进行单独授权和给予报酬时，就可以采用补偿金模式来补偿著作权人的损失，以此来维护作者和使用者之间的利益平衡[109]。目前，我国还没有对补偿金模式做出相关规定，但国际上很多国家都对其做出了尝试和努力，其中德国和日本就是典型代表。1965 年，为了保护数字版权，德国《著作权法》首创了版权补偿金制度，允许私人非商业的复制作品，但著作权人享有报酬请求权且应通过集体组织来实现，并在 1985 年和 2003 年对此进行了修订，扩大了其使用范围[110]。日本则确立了政府介入的补偿金模式，根据日本《著作权法》规定，补偿金的额度、对象和费用可以由文化厅长来确定，政府参与增加了补偿金制度的公平性和公信力，有助于版权纠纷的减少[111]。然而，补偿金模式尚未成熟，其补偿的范围、方式、金额、比例分配等问题容易引发纠纷，且缺乏专业的行业组织，可操作性不强。此外，这种模式主要依赖于相关法律法规的详细规定，需要法律对补偿金的范围、方式、金额等细节问题做出规定，因此也比较机械，缺乏灵活性。虽然补偿金模式依赖于相关法律法规的规定，但其可以使得数字图书馆的法律适用问题逐渐得到重视，并且这种模式基于现有的数字图书馆的建设之上，可以利用现有的组织和平台，成本较低。

（5）数字版权管理模式

数字版权管理模式是互联网时代的产物，是在数字版权环境下保护著作权人合法权利的新兴方式。数字版权管理指的是在数字资源生产、传播、销售和使用的过程中，利用技术手段对版权进行保护、控制和管理，可以分为“柔性”数字版权管理模式和“刚性”数字版权管理模式[112]。许多居世界领先地位的科技公司，如索尼、苹果和微软等，已经采用技术措施加密其所拥有版权的作品，这样用户只能在他们的平台上使用这些作品。数字版权管理模式技术先进，利用高科技保护和监管数字版权，特别是针对盗版等侵权行为起到了较好的遏制作用。然而，这种模式也存在着诸多缺陷。第一，数字版权管理模式主要针对的是数字版权保护的表面问题，例如打击侵权、盗版行为。但是对数字版权保护的深层次问题却无力解决。这是因为数字版权模式依赖于科技来保护权利人的利益，它并不保护使用者，也无法起到平衡使用者、权利人和第三方平台的作用。第二，数字版权管理模式的版权授权渠道过于狭窄，不利于作品和信息的传播和利用，容易限制相关文化产业的发展，这有悖于著作权保护促进全社会科学文化事业发展的初衷。第三，这种模式的发展非常容易受到数字版权技术的影响，高度依赖版权技术的实现，对技术要求较高。并且还容易受到技术的反制，技术的门槛降低了数字产品的易用性，为普通用户增加了使用难度。目前，这种模式还无法应用于数字图书馆，但的确可以为未来解决数字版权问题提供一种新思路。

（6）著作权代理模式

许多数字图书馆并不具备处理复杂法律事务的能力，并且数字图书馆所涉及的信息作品数量往往非常巨大。数字图书馆作品的使用方式和许可方式也各不相同，法律关系非常复杂，仅凭借图书馆自身的力量难以维护。因此，建立和发展专业的著作权代理机构势在必行，它能够成为图书馆与著作权人之间的桥梁，将数字图书馆从烦琐的著作权纠纷案件中解放出来。著作权代理模式指的是专业的著作权代理机构为数字图书馆提供处理版权问题的专业服务。许多出版商或数据库供应商作为中介代理机构，为数字图书馆提供集中授权服务，这在数字资源的情况下更为常见。然而，在实践中，许多著作权人都不愿意与类似的著作权代理机构建立关系。究其原因，是许多作者势单力薄或地位不高，而大型的出版商或者数据库供应商处于强势地位，双方的地位不平等。如果著作权代理机构利用其在出版发行上的强势地位对著作权人施加压力，提出不合理的要求甚至限制，著作权人往往束手无策。

以上提出的数字图书馆版权管理模式种类很多，方式各有不同，但也存在着许多共同点。这些管理组织模式都是为了免除一对一授权的高投入，由多样的契约方式规定了著作权人、数字图书馆和中介代理商机构之间的权利、义务、要求和限制，属于人文管理的范畴，都是为了提升作品与信息的传播速度与传播范围，实现广泛的信息知识共享，促进科学成果的广泛交流而创造的。如何将多样的、零散的管理模式进一步进行整合和创新，按照一定的逻辑和要素整合组织起来，去粗取精、取长补短，构建起全新的、更加科学的著作权管理组织模式，是目前更加应该思考的问题。结合各种模式的优势和弊端，创新数字图书馆著作权授权模式，利用数字图书馆的信息资源中心的优势，成为实现各种授权的场所，以数字图书馆为中心平台，将各种类型的授权模式集中在一个平台上实现。例如，授权要约模式可以利用数字图书馆的授权平台发布作品声明，方便读者快速理解；开放存取资源也可以整合在数字图书馆中，供读者在线使用，提升了传播效率；集体著作权授权组织和代理机构也可以直接与数字图书馆合作，大批量地获取作者的授权，从而避免了数字图书馆发展中的侵权问题。这有利于建立日益科学的数字图书馆版权授权模式，达到更优越的管理效果，减少数字图书馆版权纠纷。因此，基于数字图书馆建立著作权授权中心平台，整合多种著作权授权模式，是一种既经济又高效的策略，同时也提升了数字图书馆资源和服务的使用效果。

### 2. 数字图书馆著作权风险管理机制创新与发展

为了解决数字图书馆的版权纠纷困境，有必要对数字图书馆的版权风险进行评估和防范，并将数字版权风险的管理与防范作为数字图书馆的重点工作纳入日常业务。

第一，数字图书馆需要加强自身知识产权机构和规章制度的建设与完善，对数字资源进行跟踪和维护，从而规避版权侵害风险。根据调查研究，我国有86.49%的图书馆没有制定明确的知识产权规章制度，即使有相关规定，其设置也不完善，无法与现行知识产权法相衔接[113]。从国际上看，我国加入《知识产权协定》以后，国际版权保护对图书馆提出了更高的要求；从国内来看，知识产权保护的重视程度日益提高，作为社会公益机构的图书馆，应当肩负起更多的知识产权保护责任。因此，在条件允许的情况下，图书馆有必要制定本馆的知识产权保护政策和制度，推动知识产权法律法规的落实，才能够有效降低知识产权侵权风险，使得数字图书馆知识产权管理工作规范化、制度化。

第二，数字图书馆还应设立相关的知识产权法律事务部门。在实践中，图书馆在从第三方购买资源或者服务的过程中更容易陷入版权纠纷，在采购数字资源时，数字图书馆应坚持通过正规渠道获取数字信息资源，并认真核对数据提供方的相关资质和证书，并保存记录以便核查。数字图书馆有必要设立相关的知识产权法律事务部门，对数字资源采购合同的合法性进行审查，检查其是否已获得著作权人的授权，是否处于授权期内，以及授权的主体和内容是否合规合法。一般来说，图书馆在与对方签订采购合同时，都会在合同条款中注明对方保证对其所销售的信息资源享有著作权。但是在现实中，由于合同的相对性，此类条款并不能作为图书馆规避责任的理由，也不能对抗著作权人的侵权主张。在这种情况下，虽然图书馆在购买资源的过程中没有任何过错，但仍需要对著作权人的侵权行为负责。尤其要格外关注知识产权采购合同中侵权责任的划分与承担，以免图书馆在承担侵权责任的同时还要面临着违约的风险。此外，当数字图书馆在进行数据库采购谈判时，可以利用集团优势争取更加有利的谈判条件，提升合作地位。在出现版权纠纷的情况下，利用自身的集团优势也有利于更好地解决纠纷。

第三，数字图书馆需要针对不同类型、不同储存方式的数字资源采取不同的保护方式，从而尽可能地避免著作权纠纷，提高数字图书馆版权管理水平。数字图书馆的版权纠纷主要集中在侵犯信息网络传播权上，需要加强对信息网络传播权的关注。不仅要考虑到侵害网络信息传播权、复制权、发行权的常见风险，还需要考虑到侵犯版式设计权等邻接权的罕见风险。

第四，数字图书馆需要提升自身的数字版权保护意识，加强对读者进行数字版权保护的宣传力度，开展知识产权教育。有必要在专门法律的指引之下，建立和完善自身的规章制度和行业规范，制定相应的图书馆数字版权保护的规章制度，确保数字版权保护相关法律规章和技术措施在馆内的贯彻落实，创新管理制度，降低侵权风险。数字图书馆还需要明确版权工作内容和责任、约束读者的行为，防止侵犯版权行为的发生，加强数字版权观念的宣传工作，通过传统课堂与讲座，结合微信、微博等多种互动方式向读者宣传数字版权观念的重要性，增强读者的数字版权保护意识，提升图书馆馆员的数字版权保护能力。除此之外，数字图书馆在业务发展的过程中还需要注意增强版权保护意识，运用合同条款、版权声明等方式来规避自身的版权法律风险，减少数字版权引起的纠纷和侵害。

第五，数字图书馆还应当提升诉讼地位，增强诉讼能力。在司法实践中，当版权纠纷发生时，数字图书馆作为被告往往处于弱势地位。因此，数字图书馆应当正确处理版权侵权、合理应诉，并且善于使用集体力量，积极与其他相关团体或机构，例如各级图工委、图书馆联合协会、作家协会以及版权管理机构等，共同构筑著作权纠纷仲裁机构，创新版权纠纷解决机制、打破版权纠纷僵局、重塑各方利益平衡，为数字图书馆产业的发展提供一个稳定、和谐、有序的信息传播和网络出版环境。

# 参考文献


[1] Saffady, William. Digital library concepts and technologies for the management of library collections: An analysis.[J].Library Technology Reports,1995,31(3):223-223.

[2] Barker, Philip. Electronic libraries — visions of the future[J]. Electronic Library, 1994, 12(4):221-230.

[3] Sandusky R J. Practical digital libraries: Books, bytes, and bucks[J]. Journal of the American Society for Information Science, 1998,49(11).

[4] Jeng Judy. What is usability in the context of the digital library and how can it be measured? [J].Information Technology and Libraries,2005,24(2):47-56.

[5]赵洗尘.数字图书馆及其建设[J].现代图书情报技术,1999(1):28-31,43.

[6] 杨向明.21 世纪图书馆发展的方向——数字图书馆[J].图书馆,1997(1):48-51.

[7]高蔚.数字图书馆知识产权保护研究[J].出版广角,2018(7):46-48.

[8]赵蓉英,魏绪秋.近十年我国数字图书馆发展态势研究[J].图书馆学研究,2016(14):22-28,73.

[9] 薛调,续永超.媒体融合背景下高校数字图书馆发展影响因素研究[J].图书情报工作,2017,61(3):29-38.

[10]金小璞,朱玉,徐芳.基于用户体验的数字图书馆网站现状调查与分析[J].现代情报,2018,38(11):72-78,83.

[11]李玉安.电子图书馆、数字图书馆研究与实践述评[J].中国图书馆学报,

1999(6):3-5.

[12]李培.数字图书馆原理及应用[M].北京:高等教育出版社,2004.

[13] 王飞,徐芳.国外数字图书馆用户研究进展:问题论域、现状述评与发展趋势[J].情报理论与实践,2020,43(9):176-184.

[14](美)William Y Arms.数字图书馆概论[M].施伯乐,等译.北京:电子工业出版社.2001.

[15] 刘宏.我国高校图书馆数字阅读推广服务研究[J].图书馆工作与研究,2020(5):66-70.

[16]曾蕾,张甲,杨宗英.数字图书馆:路在何方?——关于数字图书馆定义、结构及实际项目的分析[J].情报学报,2000(1):67-76.

[17] 孙承鉴,刘刚.中国数字图书馆建设的起步与发展[J].国家图书馆学刊,2000(3):10-16.

[18](美)兰开斯特(Lancaster F W).通向无纸情报系统[M].庄子逸,许文霞,译.北京:科学技术文献出版社,1988.

[19]Cline H F, Sinnott L T. The electronic library: the impact of automation on academic libraries [M].[S.L.]:[S. n.],1983.

[20]黄幼菲.泛在知识环境下后数字图书馆发展的思考[J].情报理论与实践,2011,34(3):39-44.

[21] 高曼,王恺元.电子出版物和电子图书馆的发展[J].现代图书情报技术,1996(3):7-10.

[22]彭双五.数字图书馆的著作权法律问题研究[D].武汉:武汉大学,2013.

[23](美)兰开斯特(Lancaster F W).电子时代的图书馆和图书馆员[M].郑登理,陈珍成,译.北京:科学技术文献出版社,1985.

[24](英)汤普森.图书馆的未来[M].乔欢,乔人立,译.北京:书目文献出版社,1988.

[25]赖茂生.电子图书馆的构想与实现[J].情报科学与技术,1991(3):14.

[26]张晓娟.论数字图书馆[J].图书情报知识,1996(1):2-7.

[27]曾晓珠.网络内容提供者ICP的侵权责任——以数字图书馆为例[J].数字图书馆论坛,2007(2):61-65.

[28]镇锡惠.我国数字图书馆研究历程[J].数字图书馆论坛,2006(1):14-22.

[29]李洪武.数字图书馆与信息网络传播权:知识共享扩张与私有财产保护[J].图书馆杂志,2005(8):7-9.

[30]马海群,贺延辉.现行网络信息资源建设法规的适用性分析——以数字图书馆为例[J].图书情报知识,2006(1):9-15.

[31]周晓军.略论数字图书馆知识产权的法律保护[J].图书馆理论与实践,2008(4):18-19.

[32]徐岚.论数字图书馆及其相关的法律问题[J].情报杂志,2004(7):43-45.

[33]吉宇宽.图书馆服务的新定位与分享著作权利益的新内涵[J].图书情报工作,2011,55(19):43,49-52.

[34]王爱霞,王鸿信.数字图书馆的法律地位及数字作品的权利归属[J].情报杂志,2006(12):121-122.

[35]周丽霞,周云峰.数字图书馆多重法律地位及成因分析[J].情报科学,2013,31(11):18-21.

[36]张平.数字图书馆建设中的问题及对策研究——兼论著作权制度的改革[J].著作权,2001(5):11-13.

[37]刘卫利.新媒体条件下图书馆因应之策[J].新世纪图书馆,2012(4):16,66-68.

[38]车尧,许震.移动数字图书馆的应用现状及存在问题分析与研究[J].农业图书情报学报,2020,32(6):65-71.

[39]邵燕.我国数字图书馆授权制度的困境及对策[J].图书馆学研究,2015(23):70-73,86.

[40]Zhao D G, Ramsden A.Report on the ELINOR electronic library pilot[J]. Information Services and Use,1995(15):199-212.

[41]汪冰.数字图书馆:定义、影响和相关问题[J].中国图书馆学报,1998(6):9-17.

[42] 赵继海.论数字图书馆个性化定制服务[J].中国图书馆学报,2001(3):63-65,84.

[43] 姜爱蓉,邢春晓,高凤荣.我国数字图书馆发展展望[J].数字图书馆论坛,2006(1):34-46.

[44] 赖宁,蒋飞云.我国数字图书馆发展状况及趋势研究[J].现代情报,2006(6):94-97,100.

[45] 张晓林.颠覆数字图书馆的大趋势[J].中国图书馆学报,2011,37(5):4-12.

[46] 周舒,张岚岚.云计算改善数字图书馆用户体验初探[J].图书馆学究,2009(4):28-30,36.

[47] Yang J, Liu W. Cloud Computing in the Application of Digital Library[C]// 2010 International Conference on Intelligent Computation Technology and Automation.IEEE,2010.

[48] Zhang Q S, Wang X Y. The Architecture of Digital Library Platform Based on Cloud Computing [J]. Advanced Materials Research, 2013, 760-762: 1804-1807.

[49] 孟庆宇.人工智能与数字图书馆建设[J].图书馆学刊,2018,40(7):106-110.

[50] Wu J, William K, Chen H H, et al.CiteSeerX: AI in a digital library search engine[J]. AI Magazine, 2015, 36(3):35-48.

[51] 朱昊.人工智能时代新型数字图书馆建设:机遇与挑战[J].图书馆学刊,2018,40(12):113-100000000000000016.

[52] Lujan-Mora, Sergio, Mate, et al. Current state of Linked Data in digital libraries[J]. Journal of Information Science Principles & Practice, 2016,42(2):117-127.

[53] 韦绍芬.基于关联聚合的数字图书馆社区集成知识推送服务模式研究[J].图书馆学刊,2018,40(11):116-119.

[54] 王萍,黄新平.基于关联开放数据的数字文化资源语义融合方法研究——欧洲数字图书馆案例分析[J].图书情报工作,2016,60(12):29-37.

[55]柳励和.著作权法与图书馆[J].湘潭大学社会科学学报,1996(6):124-128.

[56]李明德.两大法系背景下的作品保护制度[J].知识产权,2020(7):3-13.

[57]江炜.英美知识产权风云录 强者的王冠与弱者的武器[J].中国中小企业,2019(8):54-59.

[58]李华伟,张若冰.国外图书馆与著作权相关立法对我国图书馆立法的启示——以英、美、澳、新等英语国家为例[J].图书情报研究,2014,7(4):1-5.

[59]孙南申.中美国际版权法律适用规则之分析[J].武大国际法评论,2010,13(2):209-230.

[60]张戈平.美国版权法的起源研究——以宪法中的知识产权条款为中心[J].文化学刊,2020(3):157-159.

[61]付丽霞.美国版权制度演进及其对我国的启示[J].黄河科技大学学报,2018,20(6):51-57.

[62]龚璇.德国知识产权法的历史演进[D].武汉:华中科技大学,2011.

[63]陶云峰.中日著作权法律制度比较研究[D].武汉:中南民族大学,2010.

[64]鲍延明.日本图书馆界参与实施著作权法的研究与借鉴[J].图书馆杂志,2006(7):55-58,72.

[65]何铁山,苏慧.中美著作权法制史的差异及探源[J].中南工业大学学报:社会科学版,2001,7(1):88-90.

[66]金眉,张中秋.中国著作权立法史述论[J].法学评论,1994(2):79-83.

[67]冯晓青.中国70年知识产权制度回顾及理论思考[J].社会科学战线,2019(6):25-37.

[68]熊琦.中国著作权法立法论与解释论[J].知识产权,2019(4):3-18.

[69]阎晓宏.我国著作权法第三次修订需关注的几个问题[J].现代出版,2020(4):5-10.

[70]金眉.《伯尔尼公约》述论[J].南京大学学报:哲学·人文科学·社会科学版,1994(4):151-162.

[71]徐礼永.试论版权国际保护[J].出版科学,2005(1):40-43.

[72]董中保.国际知识产权保护制度的历史发展趋势[J].商场现代化,2006(9):226-227.

[73]杜蕙林.《伯尔尼公约》与《世界版权公约》[J].中国海关,1996(9):44-45.

[74]陈积.论版权国际保护的发展趋势[J].广西政法管理干部学院学报,2004(5):68-70.

[75]王建萍.著作权国际保护的发展趋势[J].重庆工商大学学报:社会科学版,2004(4):85-89.

[76]姜福晓.数字网络技术背景下著作权法的困境与出路[D].北京:对外经济贸易大学,2014.

[77]陈明涛.著作权法立法体例修改之探讨[J].北京社会科学,2015(6):44-52.

[78]王俊鸣.意大利让知识产权法典化[J].创新科技,2006(10):58-59.

[79]罗隆绪.以法国为参考谈我国著作权刑事保护制度之完善[J].中国出版,2013(16):45-48.

[80]陈劲舟,吉媛.对知识产权法法典化的反思[J].知识经济,2009(2):13,9.

[81]郝明英.论网络出版者权的法律规制[J].中国出版,2019(13):16-20.

[82]彭桂兵.论我国著作权法意义上的“网络出版”——兼对《著作权法(修订草案送审稿)》第31条的解读[J].出版发行研究,2019(5):10-12,16.

[83]自正法.以影响性诉讼案为例论网络著作权保护[J].中国出版,2019(14):58-61.

[84]田欣欣.网络环境下的著作权保护[J].现代经济信息,2019(14):332,337.

[85]李国庆.论新闻报道之著作权法与反不正当竞争法保护[J].知识产权,2015(6):53-60.

[86]徐伟.论中国著作权合理使用制度的完善[J].文化学刊,2020(1):171-173.

[87]沈洋,蔡善君,李小平,等.Google Library终审合法对我国数字图书馆建设的启示[J].图书馆工作与研究,2019(9):123-128.

[88]周欣月,张惠婷,朱刘丹,等.谷歌图书项目案判决书(全文中译)(EB/OL)(2015-10-28)[2020-11-20]https://www.sohu.com/a/38344933_223993.

[89] 周博.美国 CAMPBELL v. ACUFF-ROSE MUSIC 案评析.(EB/OL)(2006-6-17)[2020-11-20] http://www.netlawcn.net/second/content.asp? no=1522Castle Rock Entm't, Inc. v. Carol Pub. Grp., Inc., 150 F.3d 132, 141-42 (2d Cir. 1998).

[90] 方斌.从 Harper&Row 案看版权保护对表达自由的限制[J].法制与社会,2016(28):77-78.

[91] 龙嫚雨. 美国音乐版权一揽子许可制度的历史沿革[D].上海:华东政法大学,2018.

[92] 林海.索尼规则:“合理使用”的边界[J].检察风云,2019(7):38-39.

[93] 孙新强,王剑锋.美国联邦最高法院对 Harper & Row 出版股份公司等诉 Nation 企业等侵犯版权案的判决[J].科技与法律,2005(4):70-81.

[94] 张子玥.公共图书馆数字化复制中的合理使用[J].公共图书馆,2020(2):38-41.

[95] 王果,张立彬.网络时代图书馆著作权侵权案件的案例分析与法理思考[J].图书情报工作,2019,63(8):29-37.

[96] 李杨.著作权合理使用制度的体系构造与司法互动[J].法学评论,2020,38(4):88-97.

[97] 巫慧.合理使用框架下转换性使用对数字图书馆发展的启示[J].图书馆学刊,2019,41(8):1-7,19.

[98] 吉宇宽.图书馆直接适用著作权法定许可规则的现实需求和法理依据[J].图书馆学研究,2019(1):88-93.

[99] 何蓉.数字图书馆扶助贫困法定许可制度研究[J].图书馆建设,2021(1):66-73.

[100] 王迁.如何研究新技术对法律制度提出的问题?——以研究人工智能对知识产权制度的影响为例[J].社会科学文摘,2019(10):74-76.

[101] 少楚.在著作权保护中深度嵌入互联网思维[N].人民法院报,2020-08-13(02).

[102] 颜森.论文本与数据挖掘的著作权合理使用[J].中南财经政法大学研究生学报,2020(2):130-136.

[103] 张星. 基于区块链技术的图书馆资源建设研究[J]. 上海电力学院学报, 2018, 34(S1):105-107.

[104] 白杨. 基于区块链的图书馆数字资源版权保护研究[D].云南:云南大学,2018.

[105] 郭欢欢.AI生成物版权问题再思考[J].出版广角,2020(14):37-39.

[106] 吴汉东.人工智能生成作品的著作权法之问[J].中外法学,2020,32(3):653-673.

[107] 韩新月,肖珂诗.图书馆应用著作权集体管理组织授权模式研究——挪威"数字书架"项目对我国图书馆的启示[J].图书馆杂志,2014,33(6):34-38,65.

[108] 汪张林.论数字图书馆版权立法的现状与出路[J].新世纪图书馆,2012(2):14-16.

[109] 马海群,周丽霞.数字图书馆视角的著作权授权模式整合研究[J].图书情报工作,2009,53(21):29-32.

[110] 李冰,文卫华,谷俊明.德国数字版权法律制度的发展[J].现代出版,2014(1):78-80.

[111] 黄先蓉,李晶晶.中外数字版权法律制度盘点[J].科技与出版,2013(1):14-26.

[112] 刘国龙,魏芳.数字版权管理模式探析[J].知识产权,2015(4):118-123.

[113] 韦景竹,汤罡辉,郭超.图书馆知识产权风险规避自律机制的观察与分析[J].图书情报知识,2010(2):92-99.